초대교회 신자들은 오순절때 성령님이 젊은이와 나이 든 사람, 여자와 남자, 모든 민족에서 온 사람에게 임했던 것처럼, 다양한 사람으로 구성된 교회는 각기 다른 은사를 가지고 예배에 참여할 수 있으며, 또 그런 생각이 늘 존중되어야 한다고 생각했습니다.

초대교회의 예배는 모여 있는 사람들의 다양한 목소리로 드리는 예배였습니다. 마치 고린도교회의 그리스도인들이 드렸던 다소 무질서해 보이는 예배와 유사합니다. 예배의 순서나 맡을 사람을 미리 약속하거나 배정하지 않습니다. 그런 것을 정하면 성도들이 자발적이고 즉흥적으로 예배에 참여하는 것이 제한을 받는다고 생각했기 때문이지요. 그들은 **예배자 모두가 예배 전체에 최대한 참여하는 것**을 원했습니다.(고린도전서 11-14장)

초대교회가 답하다

지은이	홍 현 민
초판발행	2024년 7월 30일
펴낸이	배용하
책임편집	배용하
교정	김정민
편집부	윤찬란 최지우 박민서
등록	제364-2008-000013호
펴낸 곳	도서출판 대장간
	www.daejanggan.org
등록한 곳	충청남도 논산시 가야곡면 매죽헌로1176번길 8-54
편집부	전화 (041) 742-1424
영업부	전화 (041) 742-1424 · 전송 0303 0959-1424
ISBN	978-89-7071-695-4 03230
분류	기독교	초대교회	예배

 값 10,000원

초대교회가 답하다

홍현민

귀주, 지수, 재식, 현석, 예은, 은수, 말콤

그리고

22년의 선교 여정을 함께한 동역자들에게

목차

엘리노어 크라이더의 편지

　제가 처음 홍현민 선교사를 알게 된 것은 2015년에 그가 남편 알렌 크라이더를 방콕에서 열리는 위클리프 아시아-태평양 지도자 세미나에 초대했을 때입니다. 그 세미나에서 알렌은 초대교회의 성장과 역동성에 대해 강의했습니다. 홍선교사는 2016년 8월에 다시 남편을 미국 디트로이트에서 열리는 북미 한인목회자 세미나에 초대했고, 거기서 알렌은 초대교회에 대해 강의했습니다. 저는 이 목회자 세미나에 남편과 함께 참여했고, 여기서 홍 선교사와 그의 아내 함귀주 선교사를 만났습니다. 남편은 그해 11월부터 건강이 안 좋아졌습니다만, 이런 어려움에도 불구하고 2017년 4월 홍 선교사와 이틀간의 길고 심도 있는 인터뷰를 기꺼이 하고 싶어했습니다. 알렌은 이 인터뷰를 마친 지 4주만에 세상을 떠났습니다. 그동안 저와 남편은 홍 선교사 부부와 성령님 안에서 하나됨을 느꼈습니다. 우리들은 모두 이 시대의 교회에 자양분을 제공하면서 교회가 번

창하도록 온마음을 쏟아 헌신했습니다. 그러는 가운데 우리는 초대교회가 성령님이 사용하시기에 풍부한 자원을 가지고 있음을 깨닫게 되었지요.

2017년 알렌이 세상을 떠난 후, 저와 홍 선교사는 남편의 강의 노트와 녹화 자료는 물론이고, 출판여부와 상관없이 초대교회 그리스도인들에 대한 그의 모든 연구들을 놓고 자주 의논했습니다.

오늘날의 그리스도인들은 이 현대화되어 가는 세상 속에서 복음을 가르치고 보여 줄 수 있는 방법을 찾고 있습니다. 우리는 예수 그리스도와 복음, 그리고 우리보다 앞서 간 그리스도인들의 삶에 담겨있는 실천적인 그리스도교를 찾고 있습니다.

그런 면에서 홍 선교사는 우리를 돕기에 아주 적절한 분입니다. 경험 있는 목회자이자, 교수, 그리고 선교사로서 홍 선교사는 초대교회 연구에 깊숙이 자리잡고 있습니다. 그는 그동안 읽어온 많은 자료를 토대로 학자들과 선교사들이 나누는 초대교회의 예배와 성장, 그리고 생명력에 대한 대화를 이해하고 있습니다. 그는 오늘날 우리들의 교회에 도움이 될 만한 의견을 찾고 있는 사람들을 인도하도록 잘 준비된 분입니다. 그의 글과 강의는 성경과 그리스도교 전통에 확고한 기반을 두고 있으며, 우리들에게 새로운 생각과 희망을 제시합니다.

이 책에서 홍 선교사는 교회의 선교에 대해 그가 가진 부드럽지만 긴박한 우려를 학문적인 접근과 잘 연결하여 제시합니다. 저는 이 책이 선교에 대한 깊은 생각과 영감을 주리라는 확신을 가지고 한국 교회에 추천합니다.

하나님께서 여러분 모두에게 복 주시길 바랍니다.

엘리노어 크라이더

FOREWORD

I first knew of Joseph Hong in 2015 when my husband Alan Kreider told me of meeting Joseph in Bangkok. Joseph invited Alan to the Wycliffe Asia Pacific leaders' seminar and in that seminar, Alan presented sessions on the growth and dynamic of the early church. The next year in August 2016, at Joseph's invitation, Alan again presented the early church, this time at a pastors' seminar in Detroit USA.

I was privileged to attend the seminar and to meet Joseph and his wife Ju. Alan became ill in November of that year, but was still willing to provide two extensive personal interviews with Joseph in April 2017. Alan died four weeks later. Alan and I both felt a bond in the Spirit with Joseph and Ju. Our hearts and our commitments were for the flourishing and nourishing of the church in our own time. We realized that the early church is a rich resource for the

Spirit to use.

Since my husband's death in 2017 Joseph and I have corresponded frequently regarding Alan's legacy of published and unpublished works on early Christianity, including lecture notes and visuals.

Christians today are seeking ways to teach and to show the Gospel in this modern world. We are looking for practical Christianity that is rooted in Jesus, in the Gospel and in the experience of Christians who have gone before us.

Joseph Hong is well placed to help us. Experienced as a pastor, professor and missionary, Joseph has immersed himself in study of the early church. He has read documents and knows the conversations among scholars and missionaries concerning the worship, the growth and vitality of the early church. Joseph is well equipped to lead those who are seeking useful ideas for our churches today. His work is firmly grounded in Scripture and Christian tradition, and brings to that a vigor of fresh ideas and hope as we go on.

In this book Joseph has combined his careful scholarly approach with his warmth and urgent concern for the mission of the church. I recommend the book to the churches in Korea, confident that you will find food for thought and inspiration for your mission.

May God bless you all.

Eleanor Kreider

서문

『초대교회에 길을 묻다』와 『초대교회에 길을 묻는 이들에게』 출판 후 하나님께서 다양한 곳에서 나눔을 갖도록 인도하셨습니다. 여러 나라한국, 중국, 뉴질랜드, 캐나다, 미국, 대만 등 지역교회 초청 세미나, 선교 한국 북클럽, 목회자 세미나2020년 온누리 목회자 사관학교, 크로스로드 세미너리, 숭인교회 초대교회 세미나, 경주 몸된교회 세미나, 토론토 목회자 모임 등, 학교 강의웨스트민스터, 햇불 트리니티, 한국내 중국인 신학생 수련회, 한동대학교 동아리, 토론토 CCC 신학교 한국학부, 캔사스 미드웨스턴 박사 과정 특강 등, 선교 단체 강의GBT 성경번역 선교회 본부 및 지부, 성서 유니온, 에젤 선교회, 캐나다 예수전도단 등, 선교사 모임태국 한인 선교사 모임, 네팔 한인 선교사 모임 등 등 많은 나눔을 가졌습니다.

모임 때마다 강조했던 것은 크라이더 교수님은 초대교회 연구를 통해 현대 교회에 처방Prescription을 주고자 의도하셨기보다는 역사적인 사실을 서술Description하고자 하셨다는 것이었습니다. 그럼에도 불구하고 나눔에 참여한 사람들은 현대교회는 초대교회 그리스도인들의 삶 속에 담겨 있던 신앙을 어떻게 해야 회복할 수 있는지, 그리고 초대교회의 성품 중에 무엇을 어떻게 우리시대에 적용해야 하는지에 대한 더 많은 대화를 원했습니다. 이런 모습을 보며 저는 팀 켈러 목사님의 '상황화의 고된 작업' 이야기가 생각났습니다.

> "나는 전 세계의 교회들과 사역 단체들이 리디머 교회에서 우리가 하는 것을 관찰하고 배우기를 원한다는 사실에 감동했었다. 그러나 우리 프로그램들을 모방한 몇몇 교회들을 직접 방문하고 나서는 실망을 감출 수 없었다. 그들은 심지어 우리 교회의 주보까지도 모방했지만, 우리를 활기 있게 하는 기저의 신학적 원리들은 포착하지 못했다. 다시 말해 그들은 상황화의 고된 작업을 수행하지 않았다. 자신들의 문화적 상황과 관점을 반추하면서 그 상황에서 복음을 더 잘 전하기 위한 노력을 기울이지 않은 것이다."

초대교회 그리스도인들이 예수 그리스도의 피로 세워진

교회가 꼭 지켜야 한다고 생각 했던 것은 무엇이었는지, 그것을 로마제국의 통치 가운데 어떻게 지키고자 했는지에 대해 진지하게 생각하는 것과 그 원리들을 프로그램이 아닌 우리 시대에 어떻게 적용할 지에 대해 현대의 그리스도인들이 '상황화의 고된 작업'을 하는 것이 필요하다고 생각했습니다.

존 스토트가 기독교의 소통을 성경과 현대 세계 사이에 다리를 놓는 것으로 비유한 것처럼 '초대교회 그리스도인들의 삶'과 '현대교회 그리스도인들의 삶'이라는 두 개의 강둑 사이에 다리를 놓는 것이 제 역할 중 하나라 생각합니다. 이미 출판된 책들그리고 여러 출판사에서 출판한 크라이더 교수님 부부의 책들이 강둑의 한쪽 끝인 초대교회 그리스도인들의 삶에 대해 초점을 맞추고 있다면 이 책에서는 다른 한쪽을 염두에 두고 이야기하고자 합니다.

교회의 원형과 본질을 회복하고자 하는 현대의 그리스도인들이 묵상과 회복의 여정 가운데 숙고했으면 하는 주제들을 여기에 담아 보았습니다. 이 책에 담긴 다섯 가지 주제를 읽어가며 초대교회의 다섯 가지 다른 모습을 보고, 그 다섯 가지 주

제로 우리에게 말을 건네는 초대교회 그리스도인들을 만나게
되길 바랍니다.

　이 짧은 글을 정리하는 데에도 많은 믿음의 선배들이 도움
을 주었습니다. 도움을 준 분들과 그분들의 책을 다 열거하기
어렵습니다. 참고 자료를 꼼꼼하게 정리하지 못한 아쉬움 가
운데 제게 많은 생각을 하게 해 준 자료들을 적어보면 다음과
같습니다. 크라이더 교수님의 책『초기교회와 인내의 발효』, 『평화교회』
, 『회심의 변질』, 『초기교회의 예배와 복음전도』, 『초대교회에 길을 묻다』, 『초대교
회에 길을 묻는 이들에게』과 논문들선교적 교회, 깊은 우물에서 마시기, 포스트
모던 세계 가운데 재침례, 엘리노어 크라이더 사모님의 『성품을 빚는
성찬』, 제임스 톰슨의 『바울의 교회론』, 게르하르트 로핑크의
『예수는 어떤 공동체를 원했나』, 존 스토트의 『제자도』, 존 파
이퍼의 『예수, 내 영혼의 기쁨』, 에버렛 퍼거슨의 『초기 그리스
도인이 말하다』, 크리스토퍼 라이트의 『하나님의 선교』, 팀 켈
러의 『탕부 하나님』, 토저의 『하나님』 등입니다. 이 모든 분들
로 인해 하나님께 감사 드립니다.

예배 ....
공동체 ....
세례 ....
제자도 ....
선교 ....

예배에 관해 : 다중음성예배, '서로'를 돌아보는 예배

너희가 모일 때에 각각 찬송시도 있으며 가르치는 말씀도 있으며 계시도 있으며 방언도 있으며 통역함도 있나니 모든 것을 덕을 세우기 위하여 하라 (고린도전서14:26)

내 누이, 내 신부는 잠근 동산이요 덮은 우물이요 봉한 샘이로구나 (아가서 4:12)

그리스도교는 사회에서 가장 소외된 집단의 사람들이 의사 표시를 할 수 있게 한다. (Lane Fox)

초대 그리스도인의 신앙에 대해 당시 이웃들이 던졌을 질문들을 상상해 보라. 그들이 "당신네 신전은 어디에 있소?"라고 물으면 그리스도인들은 신전이 없다고 답했을 것이다. "어떻게 그럴 수 있소? 당신네 제사장들은 어디서 일하는 거요?" 그리스도인들은 제사장도 없다고 답했을 것이다. 그러면 이웃들은 바로 되물었으리라. "당신네 신들을 기쁘게 하는 제사는 대체 어디서 드린다는 거요?" 그리스도인들은 제사도 더는 드리지 않는다고 답했을 것이다. 예수님이 모든 성전을 종식시키는 성전이셨고, 모든 제사장을 종식시키는 제사장이셨으며, 모든 제물을 종식시키는 제물이셨기 때문이다. (팀 켈러)

초대교회 그리스도인들이 현대 그리스도인들과 가장 먼저 이야기 나누고 싶은 주제는 예배일 것입니다. 그들의 예배는 지금 여러분들의 예배와 비교해 보면 공통점도 있지만 차이점도 많이 있습니다. 초대교회 그리스도인들은 시대와 지역에 따라 모이는 요일과 시간이 다양했습니다. 아침에 일터로 가기 전이나, 일을 마치고 집으로 돌아가기 전에 만나서 예배를 드리기도 했고, 일주일에 한번 만나기도 했습니다. 이렇게 모임의 시간과 빈도는 시대와 지역에 따라 다양한 반면, 몇 가지 공통적으로 지켜진 점들도 있습니다. 세례 받은 사람들에 한하여 예배에 들어올 수 있게 한 것입니다. 예배 장소의 입구에는 예배 드리러 오는 사람이 그리스도인인지, 즉 세례를 받은 사람인지 아닌지를 확인하기 위해 성도 한 사람이 늘 서 있었습니다. 오늘날 여러분 교회 입구에 서 있는 사람이 교회 가족들에게 인사를 하며 순서지를 나눠 주거나, 처음 나온 사람을 환영하고 예배 장소로 안내하는 것과 상반된 모습이지요. 초대교회 그리스도인들은 '예배는 신자들만의 예배'이며, 교회는 그리스도의 신부로서 '잠근 동산이요, 덮은 우물이요, 봉한 샘a garden locked up, a spring enclosed, a sealed fountain'이라고 생각했기 때문입니다. 그들은 성령과 물로 세례를 받고 하나님 나라의 백성으로 거듭난 사람들, 그리스도를 따라 새로운 방식의 삶을 살아가는 사람들이 모여 성령의 역동적인 역사를 경험하는 장소와 시간으로서의 예배를 원했던 것입니다. 그곳에 모인 사람들은 성경을 통해 제시된 하나님의 말씀이 삶의 유일한 기준이고, 예배는 예수 그리스도를 통해 이미 시작된 하나님의 나라가 임하는 곳이며 시간이라고 믿었습니다. 초대교회 그리스도인들은 교회는 그리스도안에 거하는 사람들이란 생각이 분명했습니다. 현대교회가 오래전부터 실천해 온 구도자 예배나 초청한 불신자들과 함께 드리는 새 생명 축제 예배 같은 것을 그들은 상상조차 할 수 없었을 것입니다. 초대교회 예배의 목적은 외부인들의 관심에 초점을 맞추거나 그들을 설득하기 위한 것이 아니라, 그리스도를 통한 구원의 이야기를 기억하면서 예배 공동체를 하나님 백성의 공동체로 견고하게 세워가는 것이었기 때문입니다. 이것이 그들이 이해한 '너희의 구원을 이루라'^{빌립보서 2:12}는 말씀의 의미였습니다. 간혹 세례를 준비하며 훈련을 받고 있는 사람이 예배에 들어오도록 허용되기도 했습니다. 아직 세례를 받지 않은 사람이 예배 장소에 들어온 경우에는 예배의 앞부분인 허기를 채우기 위해 음식을 먹는 것, 기도, 말씀 나눔까지만 참석이 허용

되고 성찬이 시작되면 예배 장소를 떠나야 했습니다. 초대교회의 모든 예배에는 성찬 나눔 순서가 있었으며, 이 성찬식에 참여하는 것은 오로지 세례 받은 성도만이 가능했기 때문입니다. 즉, 세례를 위해 훈련을 받고 있는 사람은 세례 준비기간 동안에는 한번도 예배 전체를 참여할 수 없었으며 성찬 또한 받지 못했던 것입니다. 세례 준비 훈련 기간인 3년동안 예배 중에 진행되는 성찬에 참여할 수 없었던 사람이 훈련을 마친 어느 부활절 아침에 마침내 세례를 받고 예배장소로 들어갔을 때를 상상해 보십시오. 그곳에서 이 새 성도를 기다렸던 사람들과 거룩한 입맞춤을 나눈 후 드리는 예배에서 처음으로 성찬에 참여해 먹고 마시는 모습은 얼마나 감격적이었을까요? 이 이야기는 잠시 후 '세례에 관해'에서 더 나누기로 하고 지금은 예배에 대해 좀더 자세히 이야기하고자 합니다.

초대교회의 예배는 다중음성예배Multivoiced worship였습니다. 그들이 모여서 드리는 예배는 모여 있는 사람들의 다양한 목소리로 드리는 예배였습니다. 마치 고린도교회의 그리스도인들이 드렸던 다소 무질서해 보이는 예배와 유사합니다. 예배의 순서나 맡을 사람을 미리 약속하거나 배정하지 않습니다. 그런 것을 정하면 성도들이 자발적이고 즉흥적으로 예배에 참여하는 것이 제한을 받는다고 생각했기 때문이지요. 그들은 예배자 모두가 예배 전체에 최대한 참여하는 것을 원했습니다.고린도전서 11-14장 오순절때 성령님이 젊은이와 나이든 사람, 여자와 남자, 모든 민족에서 온 사람에게 임했던 것처럼, 다양한 사람으로 구성된 교회는 각기 다른 은사를 가지고 예배에 참여할 수 있으며, 또 그런 생각이 늘 존중되어야 한다고 생각했습니다. 또 이렇게 하는 것이 성경에 나타난 여러 가르침과도 일치한다고 생각했습니다.로마서 12장, 고린도전서 12장, 에베소서 4장, 베드로전서 4장 등

다중음성예배는 하나님께서 교회의 유익을 위해 교회내의 어떤 사람을 통해서도 말씀하시고 일하신다는 기대감으로 진행되는 예배였습니다. 미리 정해진 한 사람이나 소수의 사람들이 하나님의 말씀을 듣고 전하는 것을 인정하지 않았습니다. 교회의 여러 사람들의 참여 가운데 흘러 나오는 풍성함과 다양함을 환영하는 예배였기에 개개인이 가진 다양한 관점, 다양한 통찰력, 조금씩 다른 비전, 다양한 경험, 다양한 확신을 나누었습니다. 하지만 예배자 모두의 참여를 강요하거나 기대하지 않았으며, 모든 예배자가 균등하게 참여하는 것도, 지도자

들을 무시하는 것도 아니었습니다. 미리 준비된 메시지와 기도를 통해서 몇몇의 사람들이 예배를 인도하는 것과는 매우 다른 방식이었습니다. 다중음성예배가 초대교회의 모든 모임에서 또는 얼마나 많은 모임에서 실천되었는지를 알 수 있는 문서가 발견되지 않았습니다만 이 예배의 형태가 4세기 초반 크리스텐돔[1] 시대가 되면서 단일음성예배 형태로 변화된 것은 분명합니다. 크리스텐돔 시대에 들어오면서 모이는 사람의 수가 크게 늘어나자, 다중음성예배는 현실적으로 어려워졌습니다. 또한 크리스텐돔 시대 교회에 모인 사람들 중 많은 사람들은 세례 준비교육을 이전처럼 오랫동안 받지 않았기에 의미 있는 예배 참여가 어려웠습니다. 또한 성직자의 힘과 위치가 점점 더 커지자 평신도들은 수동적으로 변해갔고 '전문' 성직자들을 향한 의존도도 높아졌습니다. 시간이 지남에 따라 교회는 상호간의 배움의 공동체에서 벗어나 단일음성의 설교가 관행이 되어 버렸습니다.

---

1) 크리스텐돔 (Christendom) – 알렌 크라이더는 크리스텐돔을 다음과 같이 정의합니다. "강제적으로 그리고 국가 주도하에 사회의 모든 영역에 그리스도의 주되심을 주장하려는 시도 (An attempt to assert the Lordship of Christ over all of society, by compulsion and state sponsorship)"

초대교회가 다중음성예배를 중요하게 생각한 이유는 다음과 같습니다. 첫째, 모든 신자들은 성령으로 기름부음 받았으며 은사를 가지고 있는 제사장이라고 생각했기 때문입니다. 둘째, 예배에 능동적, 적극적으로 참여하는 사람들은 수동적으로 남아있는 경우보다 훨씬 더 성장한다고 믿었습니다. 셋째, 이러한 예배는 강력하고, 표현이 수려하며, 책임과 의무가 결여된 성직자들에 의해 교회가 좌우되는 것을 막아줍니다. 넷째, 다중음성예배 형식은 교회의 평등성과 상호책임성을 드러냄으로써 비그리스도인들에게 교회가 더욱 매력적으로 보이게 합니다. 다섯째, 다중음성예배 정신은 공동체가 드리는 예배가 공동체적으로 유지되도록 도와줍니다. 초대교회가 중요시 여겼던 다중음성예배에 대해서는 이 정도 말씀 드리고 기도에 대한 이야기를 나누어 보겠습니다.[2]

여러분은 기도할 때 어떤 자세로 기도하시나요? 초대교회 그리스도인들은 기도할 때 손을 들고 기도했습니다. 마치 시편에 "나의 평생에 주를 송축하며 주의 이름으로 말미암아 나

---

2)다중음성예배(Multivoiced Worship)에 관한 자세한 논의는 Sian and Stuart Murray Williams의 'The Power of All: Building a Multivoiced Church'를 참조 하십시오.

의 손을 들리이다"시편 63:4, "성소를 향하여 너희 손을 들고 여호와를 송축하라"시편 134:2, "나의 손드는 것이 저녁 제사 같이 되게 하소서"시편 141:2, "주를 향하여 손을 펴고 내 영혼이 마른 땅 같이 주를 사모하나이다"시편 143:6라고 기록된 것처럼 말이죠. 기도하는 자세 자체가 왜 중요하냐는 의문을 품을 수도 있습니다만, 초대교회 그리스도인들은 기도하는 사람과 기도를 들으시는 하나님과의 관계가 기도의 자세에 반영된다고 생각했습니다. 두 손을 모으고 눈을 감고 기도하는 정형화, 일반화된 현대 그리스도인들의 기도가 기도 가운데 생명의 주님께 감사하며, 하나님의 성소를 향하여, 자신의 영적 갈급함을 고백하며 완전한 항복의 마음을 담아 손을 들고 기도했던 초대교회 그리스도인들의 기도와 어떤 차이가 있을지 생각해 보시기 바랍니다.

초대교회 그리스도인들이 예배를 위해 모일때에는 대부분 두 번의 식사를 했습니다. 특히 저녁에 모이는 경우에는 그랬습니다. 모임 전에 갖는 식사는 허기를 채우기 위한 식사였습니다. 개인의 형편에 따라 다르지만 어떤 교회는 경제적 어려움으로 인해서 끼니를 때우지 못하는 형편에 있는 사람들이

더러 있었습니다. 이들에게 예배 전에 함께하는 식사는 사랑의 나눔이었습니다. 사랑의 나눔이자 우리 모두가 동일한 음식을 먹는 평등한 가족 구성원임을 상기하며 하나됨을 실천하는 장이 바로 예배 전 식사였습니다. 또 한번의 식사는 예배를 드리면서 나누는 성찬이었습니다. 이 성찬은 예배 때마다 가졌으며 예배에 참석하지 못한 가족들에게는 누군가가 예배 후 그 가족의 집으로 가져다 주었습니다. 로마서 6:3과 갈라디아서 3:27의 말씀처럼 그들은 그리스도 안으로 그리고 그리스도의 죽음 안으로 세례를 받았음을 성찬때마다 기억하고자 했습니다. 성찬은 초대교회 공동체를 예수 그리스도 안에서 한 몸으로 만드는 것이었습니다.고린도전서 10:16-17, 12:12-13

예배 때의 말씀 나눔도 기도와 마찬가지로 모든 예배자들에 의해 진행되었습니다. 그들 대부분은 성경책을 가질 수 없었기에 말씀은 암송한 구절을 중심으로 나누었고, 예수님의 가르침을 집중적으로 암송했는데 특별히 산상수훈 암송을 좋아했습니다. 그들의 나눔은 교리가 아니라 예수님의 가르침과 삶을 중심으로 이루어졌습니다. 케리그마설교 중심이 아니라 디다케교훈 중심의 나눔이었던 것입니다. 예를 들면, 자신들의 삶이 예수님의 가르침과 삶에 얼마나 일치하는가 즉, 자신이 '그리스도 안'에 있는가를 생각해 보는 나눔이었습니다. 바울 서신에 그토록 자주 반복해서 나오는 '그리스도 안에 있다'는 말씀은 그들이 스스로 그리스도의 삶과 그리스도의 가르침을 따라 지금 살아가고 있는가를 돌이켜 보게 했습니다. 바울에게 있어서 교회의 가르침이 성도를 그리스도의 형상으로 변화시키는 것이었듯이 그들이 모이는 이유와 목적도 그리스도를 닮는 것, 즉 그들 자신이 복음이 되는 것becoming the Gospel이었습니다.

초대교회 그리스도인들의 나눔은 또한 '서로'알레루스 ἀλλήλους의 정신을 매우 중요시하면서 진행되었습니다. 서로 상대를 존경하고로마서 12:10, 서로 마음을 같이하고로마서 12:16, 서로 받아 들이고로마서 15:14, 서로 충고하고로마서 15:14, 서로 거룩한 입맞춤으로 인사하고로마서 16:16, 서로 기다리고고린도전서 11:33, 서로를 위하여 걱정하고고린도전서 12:25, 서로 사랑으로 섬기고갈라디아서 5:13, 서로 짐을 져주고갈라디아서 6:2, 서로 위로하고데살로니가전서 5:11, 서로 화목하고데살로니가전서 5:13, 서로 선을 행하고데살로니가전서 5:15, 서로 사랑으로 참아 주고에베소서 4:2, 서로 친절하고 자비롭고에베소서 4:32, 서로 순종하고에베소서 5:21, 서로 용서하고골로새서 3:13, 서로 죄를 고백하고야고보서 5:16, 서로를 위해 기도하고야고보서 5:16, 서로 진심으로 사랑하고베드로전서 1:22, 서로 대접하고베드로전서 4:9, 서로 겸손으로 대하고베드로전서 5:5, 서로 친교를 나누는요한1서 1:7 '서로'의 정신을 예배 때 늘 기억했습니다. 이렇게 성경에서 아주 많이 나타나는 '서로'의 정신은 그들의 모임이 세상 가운데 구별되는 대조 공동체라는 정체성을 보여주는 중요한 정신이었습니다. 세상 사람들이 서로 존중하기보다는 업수이 여기고, 서로 합심하기보다는 경쟁하고, 서로 받아들이기보다는 배척하고, 충고하기보다는 질책하고, 입맞춤을 하기보다는 차별하며 높아지려고 하고, 기다리기보다는 서둘러 처리해 버리고, 같이 걱정하기보다는 외면하고, 섬기기보다는 섬김을 받으려고 하고, 남의 짐을 져 주기보다는 내 짐을 다른 사람의 짐에 얹고, 위로하기보다는 무관심하고, 서로 세워주기보다는 서있는 땅을 깎아내어 넘어지게 하고, 화목하게 지내기보다는 이간질하고, 선을 행하기보다는 악을 도모하고, 사랑으로 참아 주기보다는 서둘러 판단하고, 친절하고 자비로운 사람이 되기보다는 무뚝뚝하고 규율적인 사람이 되고, 순종하기보다는 지배하고, 용서하기보다는 책임을 묻고, 죄를 고백하기보다는 죄를 들추어내 심판하고, 기도하기보다는 기도하겠다는 말로 넘어가고, 다정하고 사랑하기보다는 메마르고 형식적이고, 대접하기보다는 스스로 챙기겠지라고 생각하고, 겸손으로 대하기보다는 고압적이고, 친교를 나누기보다는 자신의 공간에 벽을 쌓는 것이 문화적 추세일 때, 그들은 이를 거스르는 공동체적 문화를 형성하고자 '서로'와 관련된 가르침을 중요시 여겼습니다. 이러한 가르침은 하나님 백성의 모임이 내부적으로는 하나님 나라의 표징으로서 하나님 나라를 맛보아 알게 됨으로 하나님 나라를 더 사모하게 하고, 외부적으로는 하나님 나라를 세상 가운데 전시함으로써 하나님 나라로 끌어당기는 공동체가 되기를 바라는 마음 가운데 실천한 것이었습니다.

초대교회 그리스도인들이 중요시 여긴 '서로'의 정신을 언급하다가 서로 나눈 거룩한 입맞춤에 대한 이야기가 나왔으니 이 입맞춤에 대해 조금 더 이야기를 나누고자 합니다. 예배 중 참석자들이 돌아가면서 진행하는 기도가 잠잠해 지면, 예배 인도자는 예배에 참석한 사람에게 서로 입맞춤을 하라고 안내했습니다. 당시 일상적인 입맞춤은 집에서 하인이 주인에게,

군대에서 부하가 상관에게 존경과 복종을 표시하는 것이었거나 또는 신분이 같은 계층에 속한 사람들이 나누는 것이었음을 생각할 때, 다양한 계층에서 나온 사람들이 모여 있는 교회에서 물론 대다수는 하급 계층 출신들이었지만 예배 모임때마다 입맞춤을 하는 것은 그 자체가 당시의 문화를 거스르는 것이었습니다. 그들은 사회의 계층의식이 교회 안으로 여과없이 전달되는 것을 반대하고, 하나님 나라의 백성으로 세상 가운데 살아가는 것을 예배 때마다 확인하는 방법 중 하나로 입맞춤을 실천했습니다. 여러분들의 교회는 신약성경의 이곳 저곳에 있는 "거룩한 입맞춤으로 서로 문안하라"는 가르침을 어떻게 이해하며 적용하고 있으신지요? 초대교회는 예배자 모두가 하나님을 아버지로 모시는 평등한 자녀임을 확인하고, 하나님의 자녀 공동체 안에는 계층과 배경에 따른 차별이 전혀 없음을 확인하는 거룩한 입맞춤을 나눈 후에 주일 예배의 절정인 성찬을 나누는 시간을 가졌습니다. 입맞춤에 대한 이야기가 나왔으니 입맞춤을 하며 순교했던 자매와 형제들의 이야기를 들려드리겠습니다.

아마 여러분에게는 그리 익숙하지 않을 순교자로 퍼피투

아란 여인이 있었습니다. 퍼피투아와 펠리시타스 그리고 그의 믿음의 친구들의 순교에 관한 이야기는 문서로 기록되어 지금도 전해지고 있는데 혹시 읽어 보신 적이 있었나요? 퍼피투아는 상류층에 속한 여인으로, 순교할 당시 22세였고, 젖을 먹는 아기의 엄마였습니다. 퍼피투아와 믿음의 친구들은 순교 시 아직 세례를 받지 않은 자들로 가정교회 선생님을 통해 그리스도인의 삶에 대해 훈련을 받고 있는 상태였습니다. 이들이 아직 세례를 받지 못한 구도자의 신분이었다고 하는 것은 이들 모두가 아직 교회의 모임과 예배에 참석하지 못하고 있었다는 것을 의미합니다. 이들은 로마 황제의 생일을 축하하기 위해 원형 경기장에서 열린 축제에서 죽음을 당했습니다. 수많은 관중들이 "저들을 죽여라"라고 소리를 지르며 곧 보게 될 낭자한 피흘림을 기대하며 흥분하여 지켜보는 가운데 죽어간 이들은, 온전한 평안 가운데 다가올 죽음을 조금도 두려워하지 않고, 서로에게 입맞춤을 한 후, 하늘로 시선을 옮긴 후 두 손을 펴고 기도하며 죽음을 맞이했습니다. 이들의 죽음을 바라본 원형경기장의 많은 사람들은 심각한 충격에 빠졌습니다. 그 두려운 상황에서 어떻게 그와 같은 완전한 평안을 누릴 수 있었으며, 입고 있는 자색옷으로 상징된 귀족 출신의 퍼피투아가 하층민 출신의 사람들과 나누는 입맞춤, 그리고 평안 가운데 손을 펴고 하늘을 바라보며 죽음을 끌어 안는 이들의 모습에 원형경기장에 있던 이들은 흥분대신 충격과 의구심을 갖게 되었습니다. 퍼피투아와 그의 믿음의 친구들의 순교의 과정을 바라본 여러 사람들이 이들의 신앙에 호기심을 표시하였고 많은 사람이 그들이 믿는 신을 따르게 되었다고 합니다. 퍼피투아와 친구들이 나눈 거룩한 입맞춤은 그들을 훈련하는 모임 가운데, 모임의 인도자가 그들과 만날 때마다 나누었던 입맞춤이 습관화되었던 것임에 틀림 없었습니다. 퍼피투아의 죽음의 모습은 오늘날 여러분들이 함께 모여 드리는 예배가 여러분에게 어떤 습관을 형성해 주고 있는가를 묻게 합니다.

초대교회 그리스도인들이 드렸던 예배의 목적은 예배 드리는 공동체에게 구원을 주신 분을 기억하고 감사하며 구원의 이야기를 기억하게 함으로써 공동체를 하나님의 백성으로 세워 나가는 것이었습니다. 이러한 목적을 가진 예배 공동체는 함께 모여 예배할 때마다 구원의 역사를 이루신 성삼위 하나님과 만나고, 성삼위 하나님이 계시하신 말씀과 만나며, 같은 신앙 고백, 같은 삶을 살아가는 공동체 구성원들과 만남을 반복적으로 경험했던 것입니다. 여러분들의 예배는 어떤 목적 가운데 진행되며, 어떤 만남이 있으신지요?

공동체에 관해 : 그리스도 '안'으로 향하는 공동체

기독교는 처음부터 평신도 운동이었다. (존 스토트)

하나님께서는 그리스도를 통하여, 성령님에 의해서, 그리스도인들을 하나님을 닮은 공동체, 그리스도의 믿음, 사랑, 희망의 공동체로 만들고 계신다. (마이클 고만)

그리스도의 사랑이 우리를 강권하시는도다 우리가 생각하건대 한 사람이 모든 사람을 대신하여 죽었은즉 모든 사람이 죽은 것이라 그가 모든 사람을 대신하여 죽으심은 살아 있는 자들로 하여금 다시는 그들 자신을 위하여 살지 않고 오직 그들을 대신하여 죽었다가 다시 살아나신 이를 위하여 살게 하려 함이라 (고린도후서 5:14-15)

신약 성경에는 "그리스도 안으로"에이스 크리스톤, *εἰς Χριστὸν*, into Christ라는 표현이 여러 곳에 나옵니다. 한국어 성경에는 "그리스도와 합하여"라고 번역되어 있지만, 이 표현은 "그리스도를 향하여 움직여 가는", "특정한 목적이나 결과를 향해 그리스도 안으로 침투해 가는"이란 의미가 담겨 있습니다. 말씀 몇 구절을 예로 들면 다음과 같습니다.

> 무릇 그리스도 예수와 합하여(그리스도 안으로 들어가는) 세례를 받은 우리는 그의 죽으심과 합하여(그리스도의 죽으심 안으로 들어가는) 세례를 받은 줄을 알지 못하느냐(로마서 6:3, 저자역)

> 우리가 유대인이나 헬라인이나 종이나 자유인이나 다 한 성령으로(다 한 성령 안으로 들어가는) 세례를 받아 한 몸이 되었고 또 다 한 성령을 마시게 하셨느니라 (고린도전서 12:13, 저자역)

> 누구든지 그리스도와 합하기 위하여(그리스도 안으로 들어가는) 세례를 받은 자는 그리스도로 옷 입었느니라 (갈라디아서 3:27, 저자역)

초대교회 그리스도인들은 세례를 그리스도의 몸 안으로, 그리고 성육신한 그리스도의 삶과 죽음으로 들어가는 거룩한 의식이라고 생각했습니다. 그리스도의 몸 안으로 들어 간다는 것은 그리스도처럼 보냄을 받은 자로서 그리스도처럼 하나님의 뜻에 자신의 삶을 드리며 사는 자가 된다는 뜻이고, 그리스도의 죽음으로 들어 간다는 것은 그리스도가 죽었던 것과 같은 이유, 같은 목적으로, 같은 결과를 위해 죽는다는 것이라고 이해했습니다. 이것은 개인적인 삶의 차원을 넘어서 세례를 받은 그리스도인 공동체의 정체성과 목적, 그리고 운명에 대한 이해였습니다. 그리스도인 공동체는 그리스도의 몸과 합하여 세례를 받고 그들을 대신하여 죽었다가 다시 살아나신 이를 위하여 사는고린도후서 5:15, 그러기에 자신을 위해 살지 않는 공동체라고 생각했습니다.

예수님께서는 공생애 사역을 시작하시기 전에 세례를 받으셨습니다. 세례는 죄인들이 죄 씻김을 받는 의식이었기에 죄가 전혀 없으신 예수님은 세례를 받을 이유가 없었습니다. 그러나 예수님은 세례 요한에게 세례를 허락하라고 하시며 "네가 내게 세례를 주는 것이 모든 의를 이루는 것이라고 하셨죠.

마태복음 3:13-15 예수님께서 받으신 세례는 죄인들과 동일시되려는 예수님의 마음을 담고 있습니다. 죄인들과 같아져야지만 그들의 죄를 대신 질 수 있고, 그들의 죄를 지고 죽으셔야지만 죄인들에게 생명의 길을 열어 줄 수 있기 때문입니다. 다시 말하면, 예수님이 세례를 받아 죄인과 같아 지시는 것은 자신의 아들을 십자가의 대속 제물로 내놓으심으로써 죄인들을 자녀 삼으시고자 하는 하나님의 의를 이루는 것이었습니다. 그러기에 예수님이 세례를 받고 물에서 올라 오실 때에 하늘이 열리고 하나님의 성령이 비둘기같이 내려 예수님 위에 임하였으며 하늘로부터 "이는 내 사랑하는 아들이요 내 기뻐하는 자라"라는 소리가 들린 것입니다.

초대교회 그리스도인들이 이해했던 예수님의 세례에서 다시 그들이 받았던 세례로 돌아 가 보겠습니다. 초대교회 그리스도인들은 자신들의 세례는 예수 그리스도의 몸으로 '들어가는' 세례이자 예수 그리스도의 죽음으로 '들어가는' 세례라고 생각했습니다. 공동체에서 처음으로 세례를 받는 사람은 예수님의 몸으로 들어가 예수님과 더불어 예수님의 몸을 구성하는 것이고, 두번째로 세례 받는 사람은 예수님과 앞서 세례 받은 사람으로 구성된 예수님의 몸으로 들어가 예수님과 두 사람이 하나된 몸을 이루며, 세번째로 세례 받는 사람은 예수님과 이미 세례 받은 두사람으로 구성된 몸에 들어가는 것으로 이해했습니다. 이렇게 해서 세례 받은 사람들의 모임인 교회는 예수 그리스도와 함께 예수님의 몸을 구성하는 예수님의 공동체가 되었고, 예수님이 보냄 받으신 것과 같은 보내심을 받은 공동체, 예수님이 사셨던 것을 그대로 사는 공동체, 예수님이 죽으신 이유, 목적, 방법 그대로 죽는 공동체, 예수님의 영광스런 부활을 그대로 따라가게 될 부활 공동체가 되었습니다. 이렇게 그들의 교회는 예수님의 낮아짐 중심, 삶 중심, 죽음 중심, 부활 중심에 온전하게 기초를 두고 있습니다. 어떤 분은 이런 공동체의 모습을 십자가 중심의 믿음, 사랑, 능력, 그리고 희망 cruciform faith, love, power, and hope, 즉 cruciformity을 가졌던 공동체라고 설명하더군요. 적절한 설명이라고 생각합니다.

그들은 예수그리스도의 복음을 믿는 데서 그치는 것이 아니라 자신들이 예수 그리스도의 복음이 되기를 바랬던 것입니다. not merely believe the Gospel of Jesus but to become the Gospel of Jesus 마치 고린도후서 5:21 말씀처럼 "그리스도안에서 우리가 하나님의 의가

되도록" 하셨던 하나님의 뜻을 실천하고 싶었던 것이죠.

초대교회의 세례는 짧은 기간에 주어지지 않고 3년 이상의 긴 시간이 걸리는 과정이었습니다. 그리스도의 몸인 교회 공동체의 일원이 되기 위해서는 예수가 그리스도이고 나의 삶의 주인이라 고백하는 믿음이 있어야 하고, 교리적 믿음과 더불어 그리스도를 따르는 삶의 변화와 실천이 확인되어야 했으며, 하나님 나라의 가시적 표현으로서 교회와 그리스도의 몸으로서의 교회에 속해 있다는 소속감이 명확해야 했습니다. 따라서 믿음Belief, 행동Behavior, 소속감Belonging의 3B를 바탕으로 한 분명한 고백이 있는 자에 한해서 세례가 주어졌고 세례를 받은 사람이 되어야 비로소 공동체의 예배와 교제에 참여할 수 있었던 것입니다. 이 주제에 대해서는 다음 장에서 조금 더 나누고자 합니다.

초대교회의 공동체 의식은 신약 성경에 자주 사용된 상호 대명사 '서로'에서도 읽을 수 있습니다. 앞에서 이미 초대교회의 '서로' 의식에 대해서 설명했듯이 예배마다 상기되었고 일상 생활 속에서 실천되었던 '서로' 의식은 초대교회 공동체의 삶과 예배의 밑바탕에 두텁게 흐르는 생각이었습니다. 초대교회 그리스도인들은 서로 사랑하고, 서로 위로하고, 서로 덕을 세우며, 서로에게 선을 행하는 것을 공동체의 중요한 덕목으로 생각하고 실천하였습니다. 그들은 공동체를 통하여 믿음을 갖게 되고, 공동체 안에서 그리스도의 성품을 서로에게 실천하며 살아갔기에 그리스도 안에서 신앙과 삶을 절대로 개인적인 것으로 여기지 않았습니다. 그들에게는 그리스도 안으로 세례를 받고, 그리스도 안에 머문다는 것은 그리스도의 삶과 죽음 그리고 부활을 살아내며 이를 선포하는 공동체 안에서 사는 것이고, 공동체의 성장 목표는 공동체 구성원 모두가 그리스도의 형상을 이루는 것이었습니다. 그들은 공동체가 말해주는 이야기들을 듣고 공동체가 살아내고 있는 가치를 보면서 다른 사람들과 어떻게 살아야 하는가를 배우고, 그에 따른 반응과 습관을 개발했습니다.

또한 초대교회 그리스도인들은 서로의 경제적 어려움을 돕기 위해 구약 성경에 나오는 희년의 뜻을 실천했습니다. 누가는 "너희 중에 가난한 자가 없으리라"신명기 15:4를 인용한 "그 중에 가난한 사람이 없으니"사도행전 4:34를 기록함으로써 그들이 신명기 15장의 안식년적 희망을 성취하고 있음을 분명히 알려 주고자 했습니다. 그리스도의 공동체로서 그들은 경제적인 면에서 미래의 희망을 현재의 실제로 만들었기 때문이죠. 초대교회에서 연보코이노니아가 사용될 때는 "그들 중에 가난한 자가 없도록" 하는 것이 우선시되었고 헌금은 교제코이노니아와 섬김디아코니아을 위해 사용되어야 한다고 생각했습니다. 이러한 나눔의 실천은 공동체 안에서만 머물지 않았습니다. 그들은 굶주린 이와 난민과 환자와 죄수를 섬기는 것이 예수님을 섬기는 것이라 여기며, 희생적으로 섬기신 예수님을 믿고 따른다면 그들도 자신의 모든 것으로 하나님과 이웃을 섬겨야 한다고 생각했고 이런 생각을 그대로 실천했습니다.

한편 초대교회는 교회의 지역성을 매우 중요시했습니다. 초대교회 그리스도인들은 자신들이 사는 곳에서 그리스도의 빛을 발하며 사는 것이 자신들의 정체성이라 여겼습니다. 그들은 자신들의 교회가 보편교회 또는 세계교회의 일부로서 하나님 나라에 속해 있지만 동시에 지역교회로서 존재한다는 것을 잊지 않고 살았기에, 교회 안과 교회 주변의 모든 사람들을 섬기고 돌보는 것이 자신들의 존재 이유라고 생각한 것이죠. 그러므로 지역 안에 버려진 여자아이를 입양해서 돌보며, 가난한 사람들이 제대로 갖춰진 장례를 치루도록 도와주고, 병중에 있는 사람들을 외면하지 않으며, 여행중인 사람을 환대했습니다. 그들은 교회의 교회다움을 가득 품고 살아갔던 것입니다.

세례에 관해 : 믿음, 행동, 소속감을 형성하는 세례교육

그리스도인은 태어나는 것이 아니라 만들어지는 것이다. (터툴리안)

이교도의 생활 방식에서 빠져 나온 초보 신자들이 자신의 인식 습관과 판단 기준을 돌이킬 수 없을 만큼 바꾸는 것이 디다케(가르침)의 목적이었다. (토머스 오로플린)

세례를 받는 이들은 자유롭게 강압없이 선택하고, 교회의 가르침이 참되다는 사실을 인정하고, 또한 자기들이 그것을 따라 살 수 있다고 약속할 때에야 비로소 세례를 받았다. (저스틴)

초대교회의 일원이 되기 위한 절차는 매우 길고 엄격했습니다. 세례를 받고자 하는 예비 그리스도인들은 3년이 넘는 기간 동안에 지속적으로 성경 말씀을 들음으로 믿음 Belief을 견고히 하는 것과 말씀 속에 담겨 있는 그리스도의 성품을 따라 삶의 습관 Behavior을 바꾸는 것, 그리고 믿음과 행실의 변화를 통해 교회 공동체와 연합하는 것 Belonging을 훈련 받았습니다. 이 3B가 세례 훈련의 핵심이었습니다.

초대교회 그리스도인들은 상황에 따라 다른 모습이 되는 나누어진 삶을 살아서는 안된다고 생각했습니다. 교회에서의 모습만이 아니라 삶의 모든 면이 거룩해야 하며 특히 직장 생활 가운데 사는 모습이 매우 중요하다고 생각했습니다. 왜냐하면 그리스도인들은 일상에서 그리스도의 증인으로 살아야 하며, 일상에서의 행함 자체가 복음의 증거라고 생각했기 때문입니다. 예술가들이 조각을 만드는 것, 건축가들이 학교를 설계하는 것, 기계공들이 기계를 고치는 것, 장인이 말발굽과 안장을 만드는 것 등을 다른 사람을 섬기는 방편이자 하나님을 향해 드리는 예물이라 생각했습니다. 따라서 직장에서 그리스도인의 정직성과 성실함이 하나님의 선교의 도구이며 그리스도인들의 일상적인 직업 활동이 하나님 선교의 표현이라고 생각했습니다. 그들은 일상의 삶 가운데에서 어떤 이유로 희망을 갖게 되었고, 누구 안에서 희망을 갖고 있으며, 그 결과 자신들이 하는 일을 왜 하는지 설명할 수 있도록 훈련 받았습니다. 믿음을 갖고 지내다 보면 행동도 점차 바뀔 것이라는 식으로 믿음과 행위를 나누어 보지 않았고, 믿음을 갖고자 하면 믿음의 주체인 그리스도의 성품을 본받는 삶을 처음부터 살도록 훈련 받아야 한다고 생각했습니다. 그리스도의 가르침을 이해하고, 그 이해에 부합한 삶의 변화를 훈련하기 위해서는 세례 준비 기간이 길 수밖에 없었습니다. 세례 준비 훈련을 받는 동안 그들은 인도자를 따라 가난한 사람을 구제하고, 버려진 여자아이를 입양하여 돌보고, 장례 비용을 감당할 수 없어서 버려진 시체를 가져다가 제대로된 장례를 치뤄주고, 여행하는 사람들을 자신의 집으로 초대해 환대하고, 병이 걸린 사람을 치료하는 등의 일을 했던 것입니다. 이런 일을 한두 번 경험하는 데 그치지 않고 자기 생활의 습관으로 자리 잡을 때까지 반복했습니다. 마치 가난한 사람을 길에서 만났을 때 저 사람을 도와 주는 것이 옳은 일인가 오히려 저 사람의 자활 능력을 망가뜨리는 것은 아닐까 하는 식의 논리적 사고를 할 겨를도 없이 '습관적'으로 손을 내밀어 도움을 주는 데까지 이르도록 훈련을 했던 것입니다.[3] 초대교회 그리스도인의 세례 훈련은 마치 모소 대나무를 키우는 것과 비슷하였습니다. 모소는 씨를 뿌린 후 몇 년 동안 싹을 틔우지 않는다고 합니다. 농부들이 끈기와 인내를 갖고 4년이 넘게 정성껏 키우면 작은 죽순이 겨우 나옵니다. 그 이후에도 농부들은 꾸준히 죽순을 돌봅니다. 그러다가 다시 1년이 지나면 모소는 하루에 30 센티미터 씩 쑥쑥 크고 6년이 지나면 15 미터까지 자랍니다. 마침내 그 지역은 울창한 대나무 숲으로 변하게 됩니다. 그들은 그리스도의 가르침을 듣고 자신의 생각과 삶의 습관을 바꾸는 일은 씨를 뿌리고 어린 싹을 돌보는 것과 같은 반복과 인내가 필요함을, 따라서 삶과 습관의 변화는 짧은 기간에 가능하지 않음을 잘 알고 있었고 이를 훈련에 반영했습니다.

초대교회 그리스도인들이 받는 세례 과정 중에는 축귀가 반드시 포함되어 있었던 것도 주목해 볼 만한 사항입니다. 왜 축귀가 강조 되었을까요? 신약 성경에 "이방인이 제사하는 것은 귀신에게 하는 것이요"고린도전서 10장 20절라는 가르침이 포함

---

3) 크라이더 교수는 프랑스 사회학자 피에르 부르디외(Pierre Bourdieu)의 아비투스(habitus) 개념을 인용하여 초대교회 그리스도인들의 습관적 행위를 설명합니다.

되어 있는 것을 보면 로마제국의 사람들은 모두 신전에서 제사를 지내며 귀신들을 예배했음을 알 수 있습니다. 로마제국에는 지역별, 직업별, 계층별로 섬기는 신이 따로 있었기에 지역과 직업 그리고 계층을 복합적으로 고려하면 셀 수 없이 많은 신을 숭배했음을 추측할 수 있습니다. 예를 들면 알렉산드리아 지역에서 말 장식품을 만드는 장인들의 연합회가 섬기는 신이 있었는가 하면, 같은 지역에 상인들의 연합회가 섬기는 신이 있었습니다. 어떤 이들은 "알지 못하는 신에게"^{사도행전 17장 23절}라고 새긴 제단에서도 우상을 숭배했습니다. 이런 문화 가운데 살아 온 이들이 우상에게서 돌아서고 사탄의 권세에서 놓임을 받도록 하는 것은 세례를 받기 위해 훈련 받는 이들에게 매우 중요한 절차였습니다.

초대교회는 부활절 예배 전에 세례를 거행했습니다. 몇 년간 세례 교육을 받으며 믿음을 갖게 되고, 믿음과 연합하는 습관을 습득하여 돌보고 섬기는 것이 습관이 되며, 하나님 나라와 그리스도의 제자 공동체의 일원으로서의 소속감을 견고하게 다진 세례 후보자는 예배가 진행되는 가정교회에서 교회 지도자와 인도자가 진행하는 세례를 받았습니다. 세 번의 입수를 통해 물과 성령으로 거듭난 신입 공동체 일원의 입술에 교회 지도자는 젖과 꿀을 발라 주면서 새로운 땅의 새로운 피조물이 된 것을 축하해 주었습니다. 세례 후에는 교회 가족들이 모여 있는 예배 처소로 안내되어 공동체 가족들과 공식적인 첫 대면을 했습니다. 이때 믿음의 가족들은 지금 막 세례를 받은 새로운 가족에게 첫 거룩한 입맞춤을 함으로써 이제 모두 함께 하나님 나라의 평등한 가족이 된 것을 확인했습니다.

4세기 콘스탄틴 황제때부터 시작된 크리스텐돔은 사회 전체에 그리스도의 주되심을 강제적으로 그리고 국가의 주도 sponsorship로 주장하려는 시도라고 말할 수 있습니다. 크리스텐돔이 도래했을 때 교회는 많은 사람들을 초대교회로 끌어당겼던 뚜렷한 특징과 성품을 잃어 버리게 되었습니다. 크리스텐돔의 시작으로 인해 일어난 몇 가지 눈에 띄는 교회의 변화들은 초대교회가 지녔던 모습을 크게 변화시켰습니다. 가장 큰 변화는 교회가 매우 커졌다는 것입니다. 정부의 지원으로 교회는 가정에서 대규모의 건물 basilica로 모임을 옮겨갔습니다. 또 다른 변화는 모든 제국민에게 그리스도교를 강제로 믿게 한 것입니다. 다음은 상류층 남성들이 교회로 들어오게 되자 그리스도교가 상투적이고 인습적인 것이 되었다는 것입니다. 크리스텐돔 시기에는 아이가 태어나면 바로 세례를 주었습니다. 세례가 강제적으로, 그리고 자동적으로 주어지는 것이 되었으므로 믿음과 행동 그리고 교회 공동체의 소속감을 갖도록 훈련하던 세례 교육은 없어지게 되었습니다.

제자도에 관해 : 그리스도를 따르는 제자들

우리는 속이는 자 같으나 참되고 무명한 자 같으나 유명한 자요 죽은 자 같으나 보라 우리가 살아 있고 징계를 받는 자 같으나 죽임을 당하지 아니하고 근심하는 자 같으나 항상 기뻐하고 가난한 자 같으나 많은 사람을 부요하게 하고 아무것도 없는 자 같으나 모든 것을 가진 자로다 (고린도후서 6:8-10)

구원은 신자의 내적인 삶과 외적인 삶의 총체적 연결이어야 한다. (알렌 크라이더)

삶으로 예수님을 따르지 않는다면 예수님을 진정으로 안다고 할 수 없다. (알렌 크라이더)

초대교회 그리스도인들에게 구원이란 죄의 용서와 더불어 예수님과의 교제 그리고 예수님의 성품을 닮는 것을 뜻했습니다. 그들은 "너희를 불러 그의 아들 예수 그리스도 우리 주와 더불어 교제하게 하시는 하나님은 미쁘시도다"고린도전서 1:9라는 말씀을 "자신들을 하나님의 아들 예수 그리스도와의 교제 가운데로 부르신 하나님은 신실하시다"라는 말씀으로 이해하고 고백했습니다. 그들은 예수님과의 교제가 깊어질수록 예수님을 닮아가고 싶어 했고, 예수님을 본받는 자들이 되고 싶어 했습니다. 그들은 "많은 환난 가운데서 성령의 기쁨으로 말씀을 받아 우리와 주를 본받은 자가 되었으니"데살로니가전서 1:6라는 말씀처럼 신앙의 선배들과 예수님을 본받는 사람들이 되는 것을 갈망했습니다.

또한 초대교회 그리스도인들은 기쁨으로 충만했습니다. 예수님의 계명을 지킴으로 예수님의 사랑안에 거하기를 원하는 만큼 기쁨이 충만한 삶을 살 게 되리라 확신했습니다. 요한복음 15:9-11 그들은 하나님을 예수 그리스도에게 즐거움의 기름을 부어 주시는 분으로 생각했고히브리서 1:8-9 예수 그리스도와 한 몸이 된 자신들에게도 같은 즐거움의 기름이 부어지고 있다고 믿었습니다. 이 기쁨이 충만한 삶, 즐거움의 기름이 부어지는 삶으로 인해 초대교회 그리스도인들은 지금의 삶 너머에 있는 기쁨 그러나 그들은 이 기쁨이 아주 멀리 있는 것이 아니라 자신들 바로 앞에 있다고 생각했습니다. 히브리서 12:2에 시선을 돌림으로써 현실의 십자가를 참을 수 있었습니다. 초대교회 그리스도인들에게 제자의 길은 예수님과 교제하는 길이었고, 그 교제 안에서 예수님이 주시는 기쁨을 온 삶으로 누리는 것이었습니다.

초대교회 그리스도인들은 "너희 구원을 이루라" 빌립보서 2:12는 말씀을, 예수님이 보여 주셨던 자신을 비워 내는 삶으로 이해했기에 자신들도 예수님처럼 종의 모습으로 자기를 낮추고 죽기까지 복종하면서 십자가의 죽음을 맞이함으로써 하나님께 영광을 돌리고자 했습니다. 그들은 구원을 신자의 내적인 삶과 외적인 삶이 총체적으로 연결된 것으로 이해했습니다. 하나님께서 "예수 그리스도의 형상을 본받게 하기 위해" 로마서 8:29 자신들을 부르셨다고 생각했습니다. 그들에게 제자도란 예수 그리스도를 본받는 것이었으며, 예수님을 본받는 것은 당연히 예수님을 따르는 것으로 이어졌습니다. 그리스도안에서 교제와 기쁨, 본받는 것과 따르는 것은 본질적으로 한데 어

우러져 있습니다. 따라서 그들은 마태와 마가가 기록한 대사명Great Commission의 근간이 요한의 대사명인 "아버지께서 나를 보내신 것 같이 나도 너희를 보내노라"라고 보았습니다. 이 요한의 대사명에는 성령의 능력을 입고 세상에 보내진 제자들이 자신의 형상을 닮아 세상 가운데서 담대히 서서 자신처럼 행하기를 바랐던 예수 그리스도의 뜻이 잘 담겨있으니까요. 초대교회 그리스도인들에게 복음에 합당한 삶빌립보서 1:27이란 바로 그리스도의 형상을 닮는 것이었습니다.

초대교회 그리스도인들이 가장 좋아했던 말씀은 예수님의 산상수훈이었습니다. 예수님이 말씀하신 "마음이 가난한 자, 애통하는 자, 온유한 자, 의에 주리고 목마른 자, 긍휼히 여기는 자, 마음이 청결한 자, 화평케 하는 자, 의를 위해 박해를 받는 자"는 예수님 자신의 삶을 묘사하는 것이라고 생각했습니다. 이 산상수훈을 통해 예수님은 자신이 살아온 삶을 제자들도 살아냄으로써 "위로를 받고, 땅을 기업으로 받고, 배부르며, 긍휼히 여김을 받으며, 하나님을 보며, 하나님의 아들이라 일컬음을 받고, 현재에도 천국의 삶을 살고 미래에도 온전히 천국을 소유할 것이다"라 말씀하셨다고 믿었습니다. 그들 중

대부분은 예배 때 성경책을 갖고 있지 못했기에 말씀을 나눌 때면 구전을 통해 전해진 말씀 중 자신들이 암송하는 구절을 낭독했는데 특히 이 예수님의 산상수훈을 자주 낭독했습니다. 산상수훈은 그리스도의 정체성과 삶이 담긴 가르침으로서 예수님을 따르는 제자들이 지녀야 할 정체성과 삶을 제시해주었습니다.

어떤 이는 우리가 과연 산상수훈대로 살 수 있는지를 문제 제기하면서 산상수훈을 실천하며 살 수 있는 사람은 예수 자신 뿐이라고 말합니다. 더 나아가 산상수훈의 원래 목적은 예수님처럼 살수 있다는 인간의 자신감을 무너뜨리고 우리는 그렇게 살 수 없다는 무력감을 고백하게 만드는 것이라 주장합니다. 그러나 초대교회 그리스도인들이라면 이 주장을 경청하며 우리들의 연약함을 공감하겠지만 동의하지는 않을 것입니다. 물과 성령으로 세례를 받을 때 그리스도의 영이 그들 안에 들어오게 되고 그들은 그리스도의 몸 안으로 세례를 받은 것이므로 그리스도가 사셨던 대로 살 수 있고 또 살아야 한다고 겸손하면서도 자신있게 말할 것입니다. 초대교회 그리스도인들은 예수님의 성령 잉태, 동정녀 탄생, 빌라도에게 받은 고난,

십자가 죽으심, 사흘만의 부활, 승천과 심판을 위한 강림을 믿는 한편, 예수님이 가난하고, 애통하며, 의에 주리고 목마르며, 긍휼히 여기며, 마음이 청결하며, 화평케 하고, 의를 위하여 박해를 받았음을 기억하면서 자신들도 그렇게 살도록 훈련했습니다. 그들에게 구원은 믿는 자의 내적인 삶과 외적인 삶, 그리고 현재의 삶과 미래의 삶이 총체적으로 연결된 것이었습니다. 그들의 제자도는 매우 근본적<small>흔히 '급진적'으로 번역되는 radical이란 단어는 '뿌리'라는 뜻의 라틴어 Radix에서 나왔음</small>이었습니다. 그리스도인이라면 근본적으로 뿌리부터 예수님의 삶과 죽음에 일치하는 삶을 살아야 한다고 생각했습니다. 초대교회 그리스도인들은 세례 후 그리스도 안에 있게 되었으며 그리스도를 따르는 새로운 피조물로서 제자의 길을 걸어갔던 것입니다.

선교에 관해 : 선교의 기초, 방법, 목적으로서의 거룩

예배가 증인을 훈련한다. (알렌 크라이더)

초대교회에서 '예배'는 '삶을 통해 세상에 다가가는 전도'와 분리할 수 없습니다. 만일 삶을 통한 전도가 빠진다면, 아주 무미건조한 예배를 드리게 되거나 살아계신 하나님과의 교제에 뿌리 내리지 못한 삶을 살게 됩니다. 예배와 전도는 서로 끊임없이 대화해야 합니다. (알렌 크라이더)

초대교회 그리스도인들의 선교 개념은 현대 교회의 선교 개념과 많이 달랐습니다. 초대교회 공동체 구성원들에게는 "이는 너희를 부르사 자기 나라와 영광에 이르게 하시는 하나님께 합당히 행하게 하려 함이라"데살로니가전서 2:12는 권면이 주어졌는데, 그들에게 '하나님께 합당하게 산다'란 복음 전도에 참여하거나 선교 프로그램을 기획하고 수행하는 것이라기보다 그리스도의 성육신과 삶 그리고 십자가의 죽음에 담겨 있는 하나님의 성품에 참여하며 창조와 구원의 목적인 거룩함을 이루는 것을 뜻했습니다. 하나님의 거룩은 자신들의 구원의 기초였으며, 구원 받은 백성으로서 하나님의 거룩을 일상 가운데 실천하는 것이 복음 증거의 방법이고, 하나님의 거룩을 자신과 공동체의 삶 그리고 창조 세계 가운데 온전히 이루는 것이 하나님이 하나님의 백성을 통해 이루고자 하는 궁극적인 목적이라고 생각했습니다.

초대교회 그리스도인들은 하나님께서 하나님 나라를 매우 비효율적이고 비역동적으로 보이는 방식으로 이루어 가신다고 생각했습니다. 그들은 하나님 나라가 임하길 기도하며 하나님의 긍휼과 사랑, 그리고 공의의 성품을 가지고 인내하는 효소처럼 살아가는 그리스도인의 삶이 하나님 나라를 이룬다고 여겼기 때문이입니다. 효소가 발효되는 과정은 중단하거나 예측할 수도 없으며 또한 그 과정을 효소들 사이에서 조정하거나 계획할 수도 없습니다. 발효되는 물질로서의 정체성을 주변에 나타내는 것이 효소가 할 수 있는 그리고 해야 하는 전부입니다. 유세비우스의 교회사에는 단 두 명의 선교사만이 기록되어 있습니다. 이집트에서 인도로 갔던 판테이누스Pantaenus와 오리겐의 학생으로 자신의 고향 튀르키예로 갔던 그레고리Gregory입니다. 초대교회 그리스도인들은 어느 특정인이 아니라 세례 받은 모든 사람, 예배하는 성도 모두가 하나님 나라의 효소라고 생각했던 것입니다. 그러기에 키프리안과 같은 사람을 이렇게 말했습니다. "사랑하는 형제들이여, 우리는 말이 아니라 행위의 철학자들입니다; 우리는 우리가 입고 있는 옷으로 우리의 지혜를 드러내지 않고, 진리로 지혜를 드러냅니다; 우리는 미덕을 자랑함으로써가 아니라 행함으로써 알고 있는 것입니다; 우리는 위대한 것들을 말하지 않고 살아냅니다." 초대교회 그리스도인들은 하나님이 사람을 하나님께로 이끄는 방법은 성육신이라고 생각했습니다. 사람들은 쉬운 말보다는 훨씬 어려운 삶으로 본을 보이는 것에 영향과 감동을 받기에 하나님께서도 하늘에서의 말씀을 자신의 아들을 사람으로 보내신 것을 통해서 하신 것이라고 생각했습니다. 그러기에 이 세상 가운데에서 성육신하신 예수님을 본받는 것은 자신들도 세상 가운데 성육신하는 것이라고 생각했던 것입니다. 세상의 거주민이지만 세상의 가치관에 동화되지 않은 나그네로 살아가는 것이 그리스도인의 성육신 정신의 요체였습니다. 마태와 마가가 기록한 대사명과 더불어 요한이 기록한 대사명인 "아버지께서 나를 보내셨으니 나도 저희를 보내노라"를 삶의 중심에 두고 살았던 것입니다. 초대교회 그리스도인들은 선교라는 용어를 사용하지 않았지만 모든 삶이 선교적이었습니다. 그리스도 안에서 하늘에 있는 것과 땅에 있는 모든 것이 하나가 되는 것을 기대했습니다. 지역교회로서의 역할을 충분히 인식하며 지역 내에서 빛을 발하는 삶을 삶면서 동시에 세계 교회의 일원임을 잊지 않았습니다. 그리고 모든 그리스도인들이 자신들의 삶 전체가 복음의 증거라는 생각으로 살았습니다.

현대교회의 선교는 크리스텐돔 시기의 선교 개념을 많이 담고 있는 듯합니다. 크리스텐돔 시기에는 모든 사람이 세례를 받았기에 명목상으로는 모두가 그리스도인입니다. 이 시기의 선교는 그리스도인들의 삶의 터전에서가 아니라 외국의 어느 지역에서 개종을 위해 강제적이고 억압적으로 이루어진 활동이라 할 수 있습니다. 그것은 힘에 의한 정복이었고 문화적으로, 경제적으로 제국주의 양상을 띠었습니다. 따라서 그들이 보여주는 선교와 전도의 일반적인 예들은 부정적이고 파괴적이었습니다.

이런 말씀을 들어 보셨죠? "온 세상에 가서 복음을 전파하라. 그리고 꼭 필요할 때에 말을 사용하라." 놀랍게도 현대의 많은 사람들은 그리스도의 이야기를 모릅니다. 그리고 자기 주변의 누군가가 그리스도인이라 생각하지 못합니다. 그리스도인이 어떤 사람인지를 모르는 사람들이 많습니다. 후기 크리스텐돔 시대의 많은 사람들에게는 그리스도인들이 누구를 따르며 무엇을 믿는지를 설명해 주어야 합니다. 우리가 무엇을 경험했는지 그리고 무엇이 우리를 이전과는 전혀 다른 사람으로 만들었는지에 대해 이야기해 주어야 합니다. 이 일에는 담대한 겸손함bold humility과 겸손한 담대함humble boldness이 동시에 필요합니다. 담대함과 겸손함이 동시에 필요하지만 담대함보다는 겸손함이 더 필요해 보입니다. 그리스도인들이 자신들의 문화권에 속한 거주자이지만 그 문화의 가치에 종속되지 않은 나그네가 될 때 다시 매력적으로 보일 것입니다.

초대교회는 선교 훈련이나 전도 훈련이 별도의 프로그램으로 존재하지 않았음에도 초대교회 그리스도인들은 자신들이 복음의 증인으로 살고 있다는 생각을 분명히 가졌습니다. 오랜 기간의 세례 교육 중에 진행된 인도자를 본 받는 삶을 통해서 복음의 증인은 버려진 아이를 입양하고, 장례 비용이 없어 장례를 제대로 치르지 못하는 가족의 장례를 함께 치뤄주고, 병든 이웃을 돌보고, 낯선 여행자를 환대하는 것을 습관이 될 때까지 실천함으로써 복음을 가진 자의 삶을 훈련 받았습니다. 세례 교육을 통해 복음적 삶을 습관이 될 때까지 체득한 후 공동체의 예배에 참석했고, 공동체의 예배 가운데 예수 그리스도께서 가르침과 삶으로 보여 주신 진리를 함께 나누며 서로 선행을 격려함으로써 증인의 정체성을 더욱 다진 후 각자의 삶으로 흩어졌습니다. 그러므로 그들의 세례 교육은 전도 훈련이었고, 그들의 예배는 선교 훈련이었다라고 말할 수 있습니다.

초대교회 그리스도인들은 자신들의 책무를 '아직도 복음

을 못 들어 본 영혼들에게 복음을 한번이라도 들을 기회를 제공하자', '우리 세대에 모든 영혼들에게 복음을 전하자', '예수 그리스도의 재림의 날을 앞당기자'는 식으로 접근하지 않았습니다. 그들은 믿음의 경주란 예수 그리스도의 거룩함을 닮는 것이라고 생각했습니다. "하늘에 계신 아버지의 온전하심과 같이 너희들도 온전하라"마태복음 5:48고 하신 예수님의 말씀을 실천하는 것이 자신들이 해야 할 일이라고 생각했습니다. 초대 교회 그리스도인들은 아버지의 온전함이 예수 그리스도의 성육신과 삶, 십자가의 죽음과 부활에 담겨 있으므로 예수님을 본받는 것이 자신들이 이루어야 할 선교의 궁극적 목표라고 생각했던 것입니다.

마무리: '제8요일'을 함께 기다리며

　초대교회 그리스도인들은 안식일 일곱째 날에 하루를 더
해 여덟째 날이라는 용어를 사용했습니다. 한 주 뒤에 새롭게
시작하는 첫째날을 가리켜 여덟째 날, 즉 '제 8요일'이라고 불
렀습니다. '제 8요일'은 예수님의 부활과 승천을 기념하는 새로
운 시간의 시작을 뜻하는 날이었습니다. 새로운 시작인 동시
에 종말론적 완성이란 의미도 담고 있었습니다. 안식 후 첫날,
'제 8요일'에, 유대인들이 두려워서 모든 문을 걸어닫고 숨어있
던 제자들 앞에 나타나신 예수님은 그들에게 평강이 있으라고
말씀하십니다. 그리고 제자들을 보내시면서 다시 평강으로 축
복하시고 성령을 받으라고 말씀하십니다. 이날은 제자들에게
새로운 세계의 시작이었습니다. 새 창조가 일어난 것과 같은
날입니다. 일주일 단위의 세상 달력에는 존재하지 않는 '제 8요
일'은 일곱째 날을 넘어 그리스도가 주인인 세상이 시작되는
새로운 시간 개념으로 생각했던 것입니다. '제8요일'이란 이름

에는 그리스도의 부활과 재림의 상징이 깊게 담겨 있기에 초대 교회 그리스도인들에게 숫자 8은 완성의 의미를 지니고 있었 습니다.

지금까지 '제 8요일'을 고대했던 초대교회 그리스도인들이 현대교회 그리스도인인 여러분들과 더불어 예배, 교회 공동체, 세례와 세례 교육, 제자도, 그리고 선교에 대해 통시적인 대화 diachronic dialogue를 나누었습니다. 자신들이 가고 있는 길이 올바른 길인지 확신하지 못하는 교회가 다른 이들에게 확신에 찬 길을 제시할 수 없습니다. 한편 본질로부터 얼마나 멀어졌는지를 생각하지 못하는 교회로 사람들을 인도하는 것 또한 그리스도인들이 해야 할 일이 아닙니다. 여러 지역에서 그리스도인의 숫자가 줄어 들고 있다는 이야기를 듣습니다. 본질을 잃어가며 이루어 온 성장이 그런 현상을 초래한 것은 아닐까요? 어쩌면 이런 상황은 깊이 없는 성장을 경험한 우리에게 본질과 성숙을 추구하도록 기회를 주는 것은 아닐까요?

초대교회 그리스도인이 가졌던 희망은 제 7요일을 넘어 다가온 '제 8요일'에 있었습니다. 이는 정상에 올려놓은 돌이 다시 굴러떨어지는 것을 알면서도 다시 정상을 향해 돌을 굴리는 뚝심이나 운명같은 것과는 다른 개념의 희망입니다. '제8요일'의 희망은 요단강에서 세례를 받고 올라오는 예수님에게 임하신 성령님이 지금 우리 안에도 거하시면서 제시하는 희망입니다. 예수님을 통해 우리 안에 심겨진 하나님 나라의 인내하는 효소가 부활의 날, 주님의 날, 그리고 새 창조의 날인 '제8요일'이 임할 때까지 역사할 것이라는 약속에 우리 모두의 희망이 있습니다. 이러한 '제8요일'의 희망 가운데 초대교회 그리스도인들은 믿음의 주요 우리를 온전하게 하시는 예수님을 바라보며, 여러분들을 응원하며, 앞으로 다가올 교회와 함께 새 창조의 '제8요일'을 기다립니다.

부록: 크라이더 교수가 재구성한 초대교회 예배

초대교회 예배 _ 저녁 예배 - 식사

예배가용

이 예배는 3세기 『사도전승 Apostolic Tradition』26-32쪽에 나오
는 자료에 의해 구성된 것이다. 아가페 또는 성찬 식사는 가정
집에서 이루어졌는데, 종종 교회 구성원 중 넉넉한 사람이 자
신의 집으로 성도들을 초대했다. 성도들이 모이면 회중의 지도
자가 기도를 인도했으며, 먹고 남은 음식은 가난한 사람들에
게 나누어 주었다.

1. 낮은 조명 아래에서 회중은 식탁에 둘러앉는다.

등잔불

2. 유리병에 담긴 촛불이나 기름 램프등을 몇 사람이 들고 들어
온다. 또는 불이 켜져 있는 커다란 초 하나가 중앙 식탁에 놓여

있다. 사람들이 불을 들고 들어올 때 회중은 찬양을 하거나 O Gladsome Light 찬송의 가사를 읽거나 노래한다. 모든 식탁 위에 놓여있는 초에 불을 붙인다.

3. 인도자가 인사를 하고 회중이 응답한다:

> 인도자: 주님께서 당신과 함께 하십니다.
>
> 응답: 또한 인도자님의 영과 함께 하십니다.
>
> 인도자: 마음을 하나님을 향해 드리십시오.
>
> 응답: 우리 마음을 주님께 올려 드립니다.
>
> 인도자: 주님께 감사를 드립시다.
>
> 응답: 그렇게 하는 것이 마땅하고 옳습니다.

4. 인도자가 램프등 앞에서 기도한다.

5. 입구 곁에 놓여있는 집사의 식탁에 대해 설명한다. 이 식탁에는 기름, 요거트 또는 치즈, 올리브, 과일, 꽃, 빵과 포도주가 놓여있다.

6. 음식이 하나하나 앞으로 옮겨질 때마다 모두가 감사하며 축

복 기도를 한다.

집사: 하나님께 영광을!

응답: 성부와 성자와 성령님께 지금부터 영원토록 영광을 올립니다.

식사

7. **마지막으로 빵을 축복한다**: 빵을 앞으로 가지고 나올 때에 축복하고, 빵을 몇 조각으로 뗀 후, 식탁에 앉은 사람들에게 돌린다. 식탁에 앉은 사람들 모두가 빵을 받으면 다함께 먹는다.

8. **음식이 제공된다.**

9. **식사가 끝날 무렵 축복의 잔을 든다**: 감사의 기도를 드리며 모두가 잔을 들고 다함께 마신다.

심포지움 - 열린 예배

10. **심포지움**: 노래, 시, 이야기, 간증, 말씀 설명, 성경 구절 암송

하거나 보고 읽기

11. **마무리**: 시편을 노래한다.

초대교회 예배 _저녁 예배-인도자용

신약 자료: 고린도전서 11:17-34 식사 "먹기 위해 함께 모여라"; 14:1-40 심포지움 "모일 때에 각자 찬송시도 있으며, 가르치는 말씀도 있으며, 계시도 있으며, 방언도 있으며, 통역함도 있나니".

초대교회 자료: 터툴리안, Apology 39.16-19 북부 아프리카, 200 년경

우리들의 저녁식사는 그 이름에 의미가 담겨있습니다; 우리들의 저녁식사는 그리스어로 사랑 아가페이라고 불리웠습니다…우리는 하나님께 드리는 첫 기도를 하고 난 후에 식탁에 앉았습니다. 허기를 채울 만큼만 먹었고, 절제하며 마셨습니다. 그날 밤 하나님을 예배하기 위해 모였다는 것을 기억하며 먹었고, 주님께서 듣고 계신다는 것을 인식하며 말했습니다. 모두가 손 씻을 물을 받으면 불을 켰습니다; 이어서 한사람씩 자기가 알고 있는 성경 말씀이나 마음이 담긴 말씀을 여러사

람들이 보는 앞에서 하나님께 노래했습니다; 이로써 그가 얼마나 많이 마셨는가를 알 수 있었습니다. 이와 같은 방법으로 한 사람씩 돌아가면서 기도하면 식사가 끝났습니다. 식사를 마치고 나면 우리는 흩어졌다. 폭력 그룹을 형성하거나 무질서의 갱단을 만들기 위해서도 아니고, 정욕의 표출을 위해서도 아니었습니다. 밥을 먹기 위해서라기보다는 훈련을 받기 위해 식사에 참여한 사람으로서 자기 절제와 순결을 지키기 위해서 흩어졌습니다.

3세기 다양한 지역에서 기록된 사도전승의 26-32에 있는 Hippolytus도 참조하기 바랍니다.

이 예배는 3세기 초반의 사도전승 자료에 기초해서 구성
된 것입니다. 아가페 또는 성찬 식사는 부유한 교회 구성원의
집에서 이루어졌습니다. 교회 지도자가 기도를 인도하고, 예
배 참가자들이 먹고 남은 음식은 가난한 사람들과 나누었습
니다.

예배에 대한 소개: 음식을 나누어 먹으며 드리는 이 예배는
신약 교회에 기원을 두고 있습니다. 고린도전서 11장과 14장. 이 예배
의 목적은 사도행전 2:42에 기록된 내용과 유사합니다: 사도들
의 가르침, 친교, 떡을 떼고, 기도하는 것 등 입니다. 음식은 그
리스도인 공동체의 삶을 자애롭고, 사귐이 있으며, 경건하고

서로를 즐겁게 하는 중요한 역할을 했습니다.

저녁 예배는 보통 공동체의 지도자에 의해 진행되었습니다. 이 초대교회 시대에는 주교, 원로, 장로라는 용어들을 구분하지 않고 썼습니다. 이 저녁 예배에서 주교란 공동체에 잘 알려진 지도자를 뜻했습니다. 그는 성찬을 나누는 장소로 자신의 집을 제공했을 것입니다.

예배 준비

예배자들을 하나되게 하며 예배의 분위기를 조성하는 찬양을 선택.

제안 사항: 찬양과 감사의 분위기로, 가급적 빛을 주제로 할 것.

예배 진행자 결정

집사 2명: 예배 인도자의 도우미

성경 말씀 낭독자: 시편 40:8-10; 에베소서 5:18-20

시 낭독자: 솔로몬의 찬양 16

등불 점화자 2명

예배자들이 심포지움/오픈 예배를 준비하게 함:

10번 참조: 즉흥적으로 드리는 예배의 시작 부분으로서 다양한 예배 참가자들이 노래와 성경 말씀 인용, 예언적인 말이나 기도 요청, 장로나 예배 인도자에게 질문하거나 거룩한 토론 등을 통해 다양한 예배자들이 예배에 참여함.

예배자들의 응답 설명

a. 예배자 6번 응답: 인도자가 하나님께 영광이 있기를 바랍니다라고 말하면, 회중은 성부와 성자와 성령님께 지금과 영원히 오고 오는 모든 세대에 영광이 있기를 바랍니다라고 응답함.

b. 응답

주님이 당신과 함께 하시길 바랍니다.

응답: 또한 당신의 영혼과 함께 하시길 바랍니다.

마음을 하나님께 올려 드리십시오.

응답: 우리 마음을 주님께 올려 드립니다.

주님께 감사를 드립시다.

응답: 주님께 감사 드리는 것이 마땅하며 옳습니다.

c. 인도자가 아멘 할 때마다 회중은 큰 소리로 아멘을 함께 외친다.

방을 어둡게 하고

1. 등을 들고 예배 장소로 들어올 두 사람을 등과 함께 밖으로 내보낸다.

예배 시작:

2. 예배자들이 선택한 노래를 부른다.:

불 켜진 등을 든 사람이 노래하며 들어 오고, 등불을 맨앞에 있는 식탁에 올려 놓는다. 그리고 이들이 모든 식탁에 놓인 초에 불을 붙인다.

3. 인도자의 인사에 참가자들이 응답한다.:

> **인도자**: 주님이 당신과 함께 하길 바랍니다.
>
> **참가자**: 또한 당신의 영혼과 함께 하길 바랍니다.
>
> **인도자**: 마음을 하나님께 올려 드리십시오.
>
> **참가자**: 우리 마음을 주님께 올려 드립니다.
>
> **인도자**: 주님께 감사를 드립시다.
>
> **참가자**: 주님께 감사를 드리는 것이 마땅하며 옳습니다.

4. 인도자의 기도:

위대한 찬양: 영광의 찬양을 우리 하나님께 드리는 것이 마땅합니다!

모든 인생을 사랑하시는 하나님, 모든 선한 것의 시작이신 하나님, 저희들의 이 저녁 예배를 자비롭게 받아 주소서. 하나님께서 저희들의 하루를 이끌어 주셨으며, 하나님께서 저희들을 밤의 시작점으로 인도하셨습니다. 우리 주 예수 그리스도로 인해 저희를 보호해 주십시오. 저희들에게 평화로운 저녁을 허락하시고, 죄로부터 자유로운 밤을 주소서. 그리스도 예수님을 통해 우리에게 영원한 생명을 주소서. 예수님과 성령님을 통해 영원히 영광과 존귀와 예배를 하나님께 드립니다. 아멘.

5. 인도자가 헌물에 대해 설명한다.:

집사의 식탁에는 기름과 요거트, 올리브, 과일, 꽃, 포도주, 그리고 빵이 놓여 있습니다. 이 모든 것은 여기 모인 예배자들이 함께 나누기 위한 것이며, 가난한 자들에게 신발과 옷 등과 함께 전달하기 위한 것입니다. 제가 감사와 축복의 기도를 드리기 위해 음식들을 하나씩 갖고 나오라고 말할 것입니다. 그러면 저와 여러분은 그 음식을 주심에 감사하는 기도를 드리고 그 음식을 주신 하나님께 존귀와 영광을 드리는 기도를 하겠습니다.

두 분 집사님은 이제 헌물이 놓여 있는 식탁 옆에 서 주십시오. 제가 음식의 이름을 부르면 두 분 중 한 분이 그 음식을 가지고 나오시고 그러면 제가 감사의 기도를 드리겠습니다.

6. **기름**: 인도자가 기름을 들고 이 기름을 거룩하게 하시는 하나님, 하나님은 기름 부음을 받는 자들에게 건강을 주십니다. 왕들

과 제사장, 선지자를 기름 부으셨던 이 기름을 받으시고, 이 기름 부음을 받는 자들에게 힘을 주시고 강건함을 주소서.

집사1: 하나님께 영광을!
회중: 성부와 성자와 성령님께 영광을 지금과 영원히 오고 오는 모든 세대에 드립니다.

요거트: (인도자가 요거트를 들고) 하나님 이 응고된 요거트를 거룩하게 하시고 저희 모두를 하나님의 사랑 안에 응고시켜 주시옵소서.

집사2: 하나님께 영광을!
회중: 성부와 성자와 성령님께 영광을 지금과 영원히 오고 오는 모든 세대에 드립니다.

올리브: (인도자가 올리브를 들고) 하나님, 이 올리브 열매가 하나님의 선하심으로부터 떠나지 않게 하소서. 이 올리브는 하나님 안에서 소망을 가진 이들에게 하나님께서 생명 나무로부터 부어 주신 풍성함을 드러냅니다.

집사 1: 하나님께 영광을!

회중: 성부와 성자와 성령님께 영광을 지금과 영원히 오고 오는 모든 세대에 드립니다.

꽃과 과일: (인도자가 꽃과 과일을 들고) 오 하나님, 이 꽃과 과일을 우리 예배에 가지고 온 자매형제로 인하여 감사 드립니다. 저희는 저희에게 주신 이 꽃과 과일을 하나님께 바칩니다. 하나님께서는 말씀으로 이 꽃과 과일을 키우셨고, 모든 사람과 동물에게 기쁨과 양식을 주시고자 땅에게 명령하심으로 열매를 맺게 하셨습니다. 오 하나님, 이 모든 것과 저희를 도우신 모든 것으로 인해, 저희를 위해 각종 과일로 창조 세계를 꾸며 주심에 찬양을 드립니다.

집사 2: 하나님께 영광을!

회중: 성부와 성자와 성령님께 영광을 지금과 영원히 오고 오는 모든 세대에 드립니다.

식사

인도자: 회중은 일어나 주십시오.

7. 빵 인도자: 두 분 집사님은 빵과 잔을 갖고 나오시기 바랍니다. 집사들은 빵과 잔을 식탁에 올려 놓는다. 인도자는 빵을 들고 기도한다.

우리의 주님, 우주의 왕이신 하나님께 찬송을 올립니다. 하나님은 땅에서 빵을 얻게 하십니다. 저희의 매일의 삶을 유지시켜 주는 빵으로 인해 감사 드립ㄴㄴ니다. 또한 하늘로부터 우리들과 모든 믿는 자에게 가장 좋은 선물인 거룩한 영의 양식을 주심에 감사 드립니다. 이 하늘양식은 하나님의 종이자 우리의 구주 예수님입니다.

집사1: 하나님께 영광을!

회중: 성부 하나님과 성자 그리고 성령님께 영광을 지금과 영원히 오고 오는 세대에 드립니다.

인도자가 빵을 뗀다.

인도자: 이 빵을 옆사람에게 돌리시기 바랍니다. 한 사람

씩 빵을 떼고 식탁에 둘러 앉은 모든 사람이 빵을 받았을 때에 다함께 드신 후 앉으시기 바랍니다.

8. 음식이 제공된다.

인도자의 권면: 이제 식사와 함께 대화를 나누는 시간입니다. 시작하면서 두 가지를 말씀 드립니다: 첫번째는 대화에 관한 것입니다. 여러분이 나누는 대화가 적절하고 교훈적이기 바랍니다. 어린 시절이나 청년 시절에 여러분에게 그리스도인의 본이 되었거나 여러분의 멘토였던 사람에 대해(그의 이름과 함께) 이야기해 보시면 좋겠습니다. 또는 인생의 아주 중요한 시기에 여러분이 그리스도의 지혜 덕분에 겪은 아주 멋진 이야기나 최근 경험한 하나님이 임재와 역사를 나누어 보십시오. 두번째는 포도주에 관한 것입니다. 식사의 끝부분에 잔을 들고 축복 의식을 가질 예정이니 모든 분들이 포도주스를 조금씩 가지고 이 축복의 잔을 준비하시기 바랍니다.

식사의 끝부분

인도자가 서서 기도한다: 주 우리 하나님을 찬양합시다. 우리
가 먹은 음식으로 인해 우리 하나님께 찬송을 드립니다.

9. 축복의 잔

> **인도자:** 축복의 잔을 받기 위해 모두 일어서 주십시오.
>
> **인도자가 잔을 들고 기도한다.:** 우리의 주님이시며 우주의 왕이신
> 하나님, 당신을 찬송합니다. 하나님은 온 세상을 선하심과 은혜와
> 자비로 먹이십니다. 이제 함께 잔을 드십시다. 회중이 잔을 마신다.

심포지움/열린 예배

10. 심포지움/Entertainment 선택사항, 시간이 허락될 때 진행함.

> **인도자:** 지금은 성령님이 이끄시는 대로 여러분 모두가
> 예배에 참여하는 시간입니다. 사도 바울은 고린도전서
> 14:26에서 "너희가 모일 때에 각각 찬송시도 있으며 가르
> 치는 말씀도 있으며 계시도 있으며 방언도 있으며 통역함

도 있나니 모든 것을 덕을 세우기 위하여 하라"고 말했습니다. 이시간은 성령님이 이끄시는 대로 찬송과, 말씀과 시와 간증과 기도 제목을 나누시면 됩니다. 초대교회 그리스도인들이 저녁 예배 때 사용했던 찬송을 부름으로 시작하겠습니다. 이 찬송은 가장 초기 그리스도인의 찬송으로 알려진 것으로 오늘날까지 불리고 있습니다. 여기 한국어 번역도 준비했습니다.

한국어 찬송 (한국 성공회)

https://en.wikipedia.org/wiki/Phos_Hilaron

은혜로운 빛이여, 하늘에 계시며 영원하신 성부의 찬란한 빛이여, 거룩하시고 복되시도다. 주 예수 그리스도여! 해 저무는 이 때에, 우리는 황혼 빛을 바라보며, 주님께 찬양의 노래를 부르나이다. 하나님, 성부 성자 성령이여! 주님은 언제나 찬양 받으시기에 합당하시오니, 생명을 주시는 하나님의 성자여, 온 세상으로부터 영광 받으소서.

영어 찬송: 미국 정교회

O gracious Light,

pure brightness of the everliving Father in heaven,

O Jesus Christ, holy and blessed!

Now as we come to the setting of the sun,

and our eyes behold the vesper light,

we sing your praises, O God: Father, Son, and Holy Spirit.

You are worthy at all times to be praised by happy voices,

O Son of God, O Giver of life,

and to be glorified through all the worlds.

관련 성경 구절

말씀 1: 시편 40:8-10

말씀 2: 에베소서 5:18-20

다른 말씀 구절이나 찬송이 더 있나요?

간증: 우리 삶 가운데 역사하시는 하나님이나 이번 세미

나 가운데 가르쳐 주시는 하나님에 대해

기도 요청, 평화를 위한 기도, 아이들과 방문자들을 위한 축복의 기도

인도자: 자유로운 예배를 마칩니다.

찬송: 예배자들에게 잘 알려졌거나 좋아하는 찬송

축도

거룩한 남은 음식: 우리가 함께 모여 먹을 때 모두 충분히 먹었으나 여전히 남은 음식이 있습니다. 집주인께서 이 남은 음식을 "성도들의 풍성함"이라는 이름으로 필요한 사람에게 보내주시면 이 음식을 받는 이들은 이로 인해 기뻐할 것입니다. (사도전승)

낭독: 시편 111:1-5, 회중이 다함께 "주님을 찬양합니다" 라고 하며 마무리

EARLY CHRISTIAN WORSHIP
EVENING SERVICE – MEAL

This service is based on materials in the mainly 3rd-century Apostolic Tradition, 26-32. The agape/eucharistic meal was held in private houses, at times hosted by wealthier members. The congregation's leader led the prayers, and leftover food was distributed to the poor.

People are seated at tables, low-level lighting

THE LIGHTING OF THE LAMPS

Lights are carried in by a few people (candles in glass bottles or oil lamps), or one large lighted candle is placed on the central table. People sing as lights enter, or sing or read hymn text "O Gladsome Light." Candles on all tables are lit.

Leader's greeting and people's response:

Leader: The Lord be with you. Response: And with your spirit.

Leader: Lift up your hearts.

Response: We lift them to the Lord.

Leader: Let us give thanks to the Lord.

Response: It is fitting and right.

Leader's prayer at the lighting of the lamps

Explanation of deacons' table at entrance door. On the deacons' table are placed: oil, yogurt or cheese, olives, fruit, flowers, bread, wine

Foods are brought forward, one by one, with a prayer of blessing over each item, with response from everyone

Deacon: To you be glory!

Response: **Glory to the Father and the Son with the Holy Spirit, now and always and to all ages of ages.**

MEAL

Blessing of bread comes last. It is brought forward, blessed, broken, and passed around tables – take and eat when everybody at your table has been served

Food is served

At end of meal, Cup of blessing: Prayer of thanksgiving, all lift cups and drink at the same time

SYMPOSIUM - OPEN WORSHIP

Symposium: songs, poems, stories, tertimonies, edifying contributions, Bible passages (memorized or read)

Conclusion: Song based on a Psalm text

EARLY CHRISTIAN WORSHIP,

EVENING SERVICE

FOR THE LEADER

New Testament source: 1 Corinthians 11.17‑34 Meal ("come together to eat"); 14.1‑40 Symposium ("When you come together, each one has a hymn, a lesson, a revelation, a tongue, or an interpretation").

Early Church source: Tertullian, Apology 39.16‑19 (north Africa, around 200): meal & symposium.

Our dinner shows its idea in its name; it is called by the Greek name for love (agape) . . . We do not recline at table until we have first tasted prayer to God. Only so much is eaten as satisfies hunger; only so much drunk as meets the need of the modest. They satisfy themselves only so far as men will who recall that even during the night they must worship God; they talk as those would who know the Lord listens. After water for the hands come the lights; and then each, from what he knows of the Holy Scriptures or from his own heart, is called before the rest to sing to God; so that is a test of how much he has drunk. Prayer in like manner ends the banquet. Then we break up; but not to form groups for violence nor gangs for disorder, nor outbursts of lust; but to pursue the same care for self-control and chastity, as men who have dined not so much on dinner as on discipline.

See also [Hippolytus], *Apostolic Tradition*, 26-32 (various places of writing, mainly 3rd c)

Guidelines for an EVENING SERVICE
(Composite, Kreider, August 2016):
see Handout Explanation, with Instructions for leader

This service is primarily based on materials in the early third-century Apostolic Tradition. The agape or eucharistic meal was held in private houses, hosted by wealthier members for invited guests. The community leader led the prayers, and leftover food was distributed to the poor.

Introduction of the service: This service of worship around the a shared meal has its origins in the NT church (1 Cor 11 and 14). The purposes were similar to those outlined in Acts 2.42: apostles' teaching, fellowship, breaking of bread, and prayers. The meal functioned as a benevolent, social, pious, entertaining focus for the life of the Christian community.

The evening service was often presided by the leader of the community. Terms bishop, elder, presbyter are fluid in this early period. In this service, bishop indicates the acknowledged leader of the community – he might be the host in whose home the meal is held.

PREPARATION of the service

CHOOSE A SONG that sets the tone and unites the worshippers

Suggestions: tone of praise and thanksgiving, possibly using the theme of light

APPOINT PARTICIPANTS

2 DEACONS: "my assistants"

READERS OF BIBLE PASSAGES: Psalm 40.8–10; Ephesians 5.18–20

READER OF A POEM: Ode of Solomon 16

2 LAMP LIGHTERS

PREPARE WORSHIPERS FOR THE SYMPOSIUM/OPEN

WORSHIP: OUTLINE 10: An open period for spontaneous worship, contributions from various people, songs, quotations of Scripture, prophetic words, requests for prayers, questions to the elders or leader of the service, Godly discussion

INTRODUCE RESPONSES

a. On your paper: At 6. Response. I say the first words: To you be glory!, you respond: Glory to the Father and the Son with the Holy Spirit, now and always and to all ages of ages

b. Response

The Lord be with you.

Response: and with your spirit.

Lift up your hearts.

Response: We lift them to the Lord

Let us give thanks to the Lord.

Response: It is fitting and right.

c. Whenever I say AMEN, you repeat it – loudly: AMEN

DARKEN THE ROOM

Send two lightbearers out into the hallway with the oil lamps.

SERVICE BEGINS:

2. People SING the chosen song.

LIGHTBEARERS COME IN with lit lamps, accompanied by the

singing. They place the lamps on the head table. Then they

LIGHT ALL THE OTHER CANDLES

3. LEADER'S GREETING with responses:

Leader: The Lord be with you!

Response: And with your spirit.

Leader: Lift up your hearts

Response: We lift them to the Lord

Leader: Let us give thanks to the Lord.

Response: It is fitting and right.

4. LEADER'S PRAYER:

Greatness and exaltation with glory are due to our God!

O Lord, lover of all people, fountain of all good, mercifully accept
this our

evening thanksgiving. You have brought us through the length of the day, and you have brought us to the beginnings of the night. Preserve us by our Lord Jesus Christ. Afford us a peaceable evening, and a night free of sin. And give us everlasting life by Christ Jesus, through whom glory and honor and worship are yours, and through the Holy Spirit forever. AMEN

5. LEADER'S EXPLANATION OF THE GIFTS

On the deacons' table you will see: oil, yogurt, olives, fruit, flowers, wine, bread. (All these and also other items brought for sharing and for distribution to the needy – shoes and clothing, as well) I will call for each item to be brought here for a prayer of thanks and blessing. In each case the prayer is a thanksgiving for the provision of that item, with a spiritual application, and we will bless God for the provision.

WILL THE TWO DEACONS NOW STAND BY THEIR TABLE. When I call for a gift, e.g. of oil, will one of the deacons please bring that forward after which I will pray a prayer of thanksgiving.

6. THE OIL (leader holds the oil)

O God, sanctifier of this oil, you give health to those who are anointed. Receive this oil, with which you anointed kings, priests, and prophets, so that it may give strength to all those who taste it, and health to all those who are anointed with it.

DEACON 1: To you be glory!

PEOPLE: Glory to the Father and the Son with the Holy Spirit, now and always and to all ages of ages.

THE YOGURT (leader holds the yogurt) **O GOD, sanctify this milk which has been coagulated, and coagulate us also in your love.**

DEACON 2: To you be glory!

PEOPLE: Glory to the Father and the Son with the Holy Spirit, now and always and to all ages of ages.

THE OLIVES (leader holds the olives)

O God, do not let this fruit of the olive depart from your sweetness. The olive shows your richness which you have poured from the tree of life, to those who hope in you.

DEACON 1: To you be glory!

PEOPLE: Glory to the Father and the Son with the Holy Spirit, now and always and to all ages of ages.

THE FLOWERS AND FRUIT (leader holds some of them)

O God, we give you thanks for those who have brought these fruits and flowers. We offer to you the fruits and flowers which you have granted us to receive. You nourished them by your word, and you ordered the earth to bear all fruits for the joy and nourishment of peoples and for all animals. In all these things, we praise you, O God, and in all the things with which you have helped us, adorning for us the whole creation with various fruits.

DEACON 2: To you be glory!

PEOPLE: Glory to the Father and the Son with the Holy Spirit, now and always and to all ages of ages.

THE MEAL

LEADER: Will everyone please stand.

7. THE BREAD

LEADER: will the deacons please bring the bread and the cup. (They place these on the table. The leader takes the bread in his hands and prays.)

Blessed are you, God our Lord, King of the universe. You bring forth bread from the earth. Thank you for the bread that sustains our daily life. Thank you for the holy, spiritual food, the bread from heaven, your supreme gift to us and to all who believe – your servant, our savior Jesus.

DEACON 1: To you be glory!

PEOPLE: Glory to the Father and the Son with the Holy Spirit, now and always and to all ages of ages.

LEADER breaks the loaves.

LEADER: Pass the bread around, hand to hand. Let each person take a piece, and eat it when everyone at the table has been served. Then all should sit down at their tables.

8. Meal is served.

LEADER'S ADMONITIONS: Now is the time for sharing a meal – and also for conversation. Two words as we begin: first, Conversation. May the conversations be suitable, edifying. It might be good to talk about the person (name them) who, when you were children or young people, served as a Christian model or mentor for you. Or A really wonderful piece of Christian wisdom that was given to you at a significant moment in your life. Or Something that happened recently in which you sensed that God was present and active. Second word: the Wine. There will be a ceremonial blessing for the cup at the end of the meal. Be sure that each person has some grape juice ready for the cup of blessing.

AT THE END OF THE MEAL

LEADER STANDS AND PRAYS: Let us praise the Lord our God. Praised be our God for the food we have eaten.

9. The cup of blessing

LEADER SAYS: Let us stand for the cup of blessing.

LEADER LIFTS HIS CUP, PRAYS: Blessed are you, O Lord our God, King of the universe. You feed the whole world with goodness, with grace and mercy. Let us drink together.

(All Drink from their cups)

SYMPOSIUM/OPEN WORSHIP

10. Symposium/Entertainment (a selection, as time permits)

LEADER: now is a time open to contributions as the Holy Spirit leads us. The Apostle Paul says, in 1 Cor 14.26: "When you come together, each one of you has a hymn, a lesson, a revelation, a tongue, or an interpretation. Let all things be done for building up." Now it is open for a song, Scriptures, poems, testimonies, prayer request, as the Spirit leads. We will begin with a hymn that the early Christians used in their evening services. This is the earliest known Christian hymn that is still in use today. We hear it in a Korean translation.

Reader in Korean: Hymn: Korean Anglican Church: https://en.wikipedia.org/wiki/Phos_Hilaron

은혜로운 빛이여, 하늘에 계시며 영원하신 성부의 찬란한 빛이여, 거룩하시고 복되시도다. 주 예수 그리스도여! 해 저무는 이 때에, 우리는 황혼 빛을 바라보며, 주님께 찬양의 노래를 부르나이다. 하나님, 성부 성자 성령이여! 주님은 언제나 찬양 받으시기에 합당하시오니, 생명을 주시는 하나님의 성자여, 온 세상으로부터 영광 받으소서.

[English: Orthodox Church of America

O gracious Light,

pure brightness of the everliving Father in heaven,

O Jesus Christ, holy and blessed!

Now as we come to the setting of the sun,

and our eyes behold the vesper light,

we sing your praises, O God: Father, Son, and Holy Spirit.

You are worthy at all times to be praised by happy voices,

O Son of God, O Giver of life,

and to be glorified through all the worlds.]

Suggested scriptures

Scripture 1: Psalm 40.8-10;

Scripture 2: Ephesians 5.18-20

Other scripture?

Other song?

Testimonies: God at work in our lives; God teaching us in this seminar

Prayer requests, prayers for peace, blessing of children and guests

LEADER: Brings Free Worship to an End

Song: known/favorite to participants

Blessing/Benediction

Holy leftovers: When we are all assembled to eat together, we eat sufficiently, but so that there may remain something left over. The host may send it to some who have need, as the "abundance of the saints." And those to whom it is sent may then also rejoice with what is left over. (Ap Trad)

Reading: Psalm 111:1-5, concluding with "Praise the Lord"